사도신경 십계명 주기도문 해설

사도신경 십계명 주기도문 해설

초판 1쇄 펴낸 날 2013년 4월 1일

지은이 • 이노균
펴낸이 • 박종태
함께 만든이들 • 강한덕 이태경 맹정애 강지선 임우섭 김병수 김기범
펴낸곳 • 비전북
등록 • 2011년 2월 22일 제396-2011-000038호
주소 • 경기도 고양시 일산서구 송산로 499-10(덕이동)
이메일 • visionbook@hanmail.net
공급처 • (주)비전북 전화 • 031-907-3927
ISBN 978-89-966495-2-6   03230

ⓒ 이노균, 2013

· 잘못된 책은 바꾸어 드립니다.

그리스도인이라면 누구나
암송해야 하는 세 가지 문서

사도신경 십계명 주기도문 해설

이노균 지음

비전북

추천사

　부산중앙교회 담임목사로 시무하시다가 10여 년 전에 은퇴하신 존경하는 이노균 목사님께서 십계명과 사도신경과 주기도문을 해설한 귀한 책을 출판하게 된 걸 진심으로 축하드립니다. 노구임에도 불구하고 여전히 책을 출판하시는 목사님의 복음과 진리 전파에 대한 열정을 높이 치하드립니다.

　원래 십계명과 사도신경, 주기도문은 역사적인 요리문답서에 담긴 기본적인 내용으로, 모든 성도들이 필수적으로 알아야 할 기독교 신앙의 기본 요소들이요, 성경의 핵심적인 진리를 함축한 것입니다. 그리고 이 세 가지는 종교개혁자 루터가 자신의 대요리 문답서에서 십계명, 사도신경, 주기도문의 순서로 다루었던 내용이기도 합니다. 십계명은 죄인임을 인식시키기 위함이었고, 사도신경은 믿음으로 구원 얻는 진리를 수용해 삼위일체 하나님을 고백(찬양)하도록 한 것이며, 주기도문은 하나님과의 영적 교제를 위하고 경건의 태도를 견지하는 일에 도움을 주려고 했던 것입니다. 이러한 생각은 루터가 토머스 아퀴나스의 생각을 인용하여 말했던 대로 "이방인이 그리스도인이 되려고 할 때, 그들이 기독교 신앙에 관해 무엇을 알아야 하며(십계명), 무엇을 믿어야 하며(사도신경), 어떻게 행해야 할 것인지(주기도문)를 깨우치는" 중요한 신앙교육 내용이었던 것입니다.

이노균 목사님은 이러한 기독교 신앙의 진수를 누구나 쉽게 이해할 수 있도록 간결하면서도 명료하게 풀이해 놓았습니다. 더욱이 탐구 문제를 만들고 그 해답까지 제시하여 이해를 확실하게 해주려고 노력한 것은 하나라도 더 가르쳐 주고 싶은 목사님의 열정과 정성이 듬뿍 담겨 있는 모습이라 할 것입니다. 그리고 이는 한국 교회에 크게 기여하는 일로 여겨지기도 합니다.

 바라기로는 평신도는 물론이요, 목회자와 신학생들이 읽어서 큰 도움을 받을 수 있는 책으로 알고 기꺼이 추천하는 바입니다. 부디 많은 독자들의 사랑을 받는 책이 되길 기도합니다.

2013년 1월
총신대학교 총장
정일웅

추천사

이번에 이노균 목사님께서 『사도신경 십계명 주기도문 해설』을 집필했다는 소식을 듣고 놀라지 않을 수 없었다. 이 목사님은 연세가 80에 가까운 데다 지난해에는 위암 수술까지 받으셨는데, 책을 집필하셨다니 정말 놀라운 일이었다.

이 목사님은 부산중앙교회에서 은퇴하신 후 2004년부터 ≪씨앗≫이라는 교양 전도 문서를 격월간으로 발행해 오셨다. 육신의 질고를 겪으면서도 금년 1월호로 61호를 발간하신 것을 보면 복음과 전도에 대한 목사님의 열정이 얼마나 치열한지 알 수 있다. 생각해 보면 복음에 대한 지칠 줄 모르는 선한 열심이 ≪씨앗≫발간과 함께 『사도신경 십계명 주기도문 해설』을 출판하기에 이른 것으로 보인다.

교육자의 길에서 출발하여 목회자로 은퇴하셨지만, 기독교 신앙의 요체라고 할 수 있는 주기도문과 사도신경, 십계명에 대한 해설서를 쓰시려고 기도해 오셨는데, 이제 한 권의 책으로 엮게 되었으니, 하나님께 감사하지 않을 수 없다. 어떤 점에서 이 책은 이노균 목사님의 신앙고백과 같은 작품이다. 또한 이 책은 독자들을 위한 해설서이지만, 이 목사님이 평생 믿고 의지하고 소망하며 살았던 신앙고백문이라고 할 수 있을 것이다.

부족하지만 추천사를 쓰는 필자도 60을 넘겼고, 국내외에서 여러 사람들과 목회자들을 만났지만, 그중에서도 이노균 목사님을 만나 그 분을 가까이에서 뵐 수 있었던 것을 무엇보다 하나님께 감사한다. 그 분의 신앙 인격과 겸손하고 자상하신 인품, 목회자로서 복음에 대한 확신, 그리고 아픔과 고난의 삶을 살아가는 이들에게 힘과 용기를 주기 위한 전도 문서의 발간, 안락한 노후보다 보람된 노후를 보내시는 모습이 아름답고 자랑스럽기만 하다.

그러기에 이 목사님은 나에게만이 아니라 그를 아는 사

람들, 그의 글을 읽는 독자들의 가슴속에 오래 남아 있을 것이다.

이 책은 소책자라고 할 수 있지만 내용을 보니 결코 가벼운 책이 아니다. 꼭 필요한 말씀만 담았기에 핵심과 요체가 드러나 있고, 우리가 믿는 신앙의 기본을 제시하고 있다. 신앙체계에 대한 간명한 해설이기에 성경 찬송과 함께 머릿맡에 두고 읽기에 적절하다. 이 책이 널리 읽혔으면 좋겠다. 이 책이 우리 독자들에게 큰 감동과 교훈과 가르침을 줄 것으로 확신한다.

2013년 1월
고신대학교 교수 겸 부총장
이상규

추천사

탁월한 영적 지도자는 항상 기본을 다지도록 도와줍니다. 이노균 목사님은 탁월한 영적 지도자로서 이 책에서 신앙의 기본을 어떻게 다져야 하는지 알려줍니다. 기본이란 뿌리를 가꾸는 것을 의미합니다. 가장 무서운 병은 뿌리의 병입니다. 뿌리가 병들면 나무는 서서히 죽을 수밖에 없습니다. 그렇지만 뿌리가 건강하면 나무는 풍성한 열매를 맺게 되어 있습니다. 신앙의 기본은 뿌리와 같습니다. 기본이 잘 확립되어 있을 때 신앙은 풍성한 열매를 맺게 됩니다. 그러므로 우리는 거듭 기본으로 돌아가 뿌리를 깊이 내려야 합니다. 뿌리 깊은 영성을 추구해야 합니다.

이노균 목사님은 이 책에서 기독교 신앙의 가장 기본을 다루고 있습니다. 주기도문과 사도신경, 그리고 십계명은 기독교 신앙의 기본입니다. 이제 80이 다 된 어른께서, 일평생 목회하시고 은퇴하신 목사님께서, 기본으로 다시 돌아가라고 격려하시는 모습은 정말 감동적입니다. 기본을 다룬다는 것은 원천으로 돌아가는 것을 의미합니다. 지혜란 원천에 머무는 능력입니다. 지혜로운 사람은 한 잔의 물을 구하기보다는 생수의 원천을 추구할 줄 아는 사람입니다. 하나님은 생수의 원천이십니다. 우리는 거듭 생수의 원천이신 하나님께로 돌아가야 합니다. 주기도문과 사도신경과 십계명은 생수의 원천이신 하나님께로 돌아가 하나님께 머물도록 도와줍니다.

가장 탁월한 영성은 기본을 다지는 영성입니다. 기독교 신앙의 기본은 기도에 있습니다. 주기도문은 우리 신앙의 기본인 기도를 가르쳐 줍니다. 또한 신앙의 근간을 이루는 것이 신앙고백입니다. 우리의 신앙은 우리의 고백을 통해 분명해집니다. 사도신경은 우리 신앙고백의 핵심입니다. 사도신경에는 성부·성자·성령 하나님에 대한 확실한 신앙고백이 담겨 있습니다. 기도와 신앙고백과 함께 중요한 것은 예수님을 닮은 삶입니다. 참된 신앙은 삶을 통해 열매를 맺습니다. 십계명은 예수님 안에서 우리가 어떻게 살아야 하는가를 보여줍니다. 우리의 삶 속에서 어떤 열매를 맺어야 하는가를 보여줍니다. 신앙고백이 뿌리와 같다면 십계명을 통해 구현되는 그리스도인의 삶은 그 열매라고 해도 과언이 아닙니다.

저는 이 책을 신앙의 기본을 거듭 다지길 원하는 분들에게 추천하고 싶습니다. 생수의 원천이신 하나님께 머물기를 원하는 분들에게 추천하고 싶습니다. 뿌리 깊은 영성으로 지속적으로 성장하길 원하는 분들에게 추천하고 싶습니다.

2013년 3월
L.A. 새생명비전교회
강준민

머리말

그리스도인이라면 누구나 암송해야 하는 세 가지 문서가 있다.

주기도문과 사도신경, 그리고 십계명이다. 주기도문은 예수 그리스도께서 제자들에게 가르쳐 주신 기도문으로 우리가 기도할 때 어떤 순서와 어떤 원리로 기도해야 되는가를 교시(教示)하는 기도의 표준이 된다. 사도신경은 예수님이 직접 뽑은 제자들의 신앙고백으로 우리가 무엇을 믿는가에 대한 믿음의 핵심을 정리한 것으로 성경을 압축한 진수라 할 수 있다. 한마디로 기독교의 신앙장전이다. 십계명은 하나님이 직접 돌비에 새겨 주신 열 가지 계명으로 하나님의 백성들이 지켜야 될 최고의 법전이다.

이 세 가지는 우리 성도들이 신앙생활을 하는 데 잊어서는 안 되는 중요한 내용들이다. 뿐만 아니라 하나님을 경배하는 예배 순서에 가장 많이 활용된다. 그래서 성경과 찬송가 앞뒤에 이 세 가지 문서를 특별히 등재하고 있다.

이처럼 중요한 신앙의 정수(精髓)를 쉽게 해설한 책이 별로 없는 것 같고, 있는 것도 분량이 많은 전문 서적이라서 평신도가 읽기에는 힘들며, 더욱이 세 가지 문건을 합쳐 해설한 책은 보지 못했다. 그래서 이번에 평신도를 위한 『사도신경 십계명 주기도문 해설』을 펴낸다. 80이 된 은퇴 목사가 일종의 사명감 같은 것을 갖고 썼다. 그리스도인이라면 누구나 쉽게 이해할 수 있도록 간단명료하게 서술했다. 모쪼록 이 작은 책자가 성도들의 신앙생활에 조금이라도 도움이 된다면 그 이상의 보람이 없겠다.

2013년 1월
경주 소금강산 기슭에서 이노균

• 차례

주기도문
주기도문의 배경 • 22
주기도문의 분석 • 23
주기도문 해설 • 24
탐구문제 • 44

사도신경
사도신경의 개요 • 52
사도신경의 분석 • 53
사도신경 해설 • 56
탐구문제 • 85

십계명
십계명의 개요 • 95
십계명의 서문 • 96
십계명의 구분 • 97
십계명 해설 • 98
탐구문제 • 119

주기도문

하늘에 계신 우리 아버지여, 이름이 거룩히 여김을 받으시오며,
나라가 임하옵시며, 뜻이 하늘에서 이룬 것같이 땅에서도 이루어지이다.
오늘 우리에게 일용할 양식을 주옵시고, 우리가 우리에게 죄 지은 자를 사하여 준 것같이
우리 죄를 사하여 주옵시고, 우리를 시험에 들게 하지 마옵시고, 다만 악에서 구하옵소서.
대개 나라와 권세와 영광이 아버지께 영원히 있사옵나이다. 아멘.

주기도문

하늘에 계신 우리 아버지여,
이름이 거룩히 여김을 받으시오며,
나라가 임하옵시며,
뜻이 하늘에서 이룬 것같이
땅에서도 이루어지이다.
오늘 우리에게 일용할 양식을 주옵시고,
우리가 우리에게 죄 지은 자를 사하여 준 것같이
우리 죄를 사하여 주옵시고,
우리를 시험에 들게 하지 마옵시고,
다만 악에서 구하옵소서.
대개 나라와 권세와 영광이
아버지께 영원히 있사옵나이다. 아멘.

(마태복음 6:9-13)

새로 번역된 주기도문

하늘에 계신 우리 아버지,
아버지의 이름을 거룩하게 하시며,
아버지의 나라가 오게 하시며,
아버지의 뜻이 하늘에서와 같이
땅에서도 이루어지게 하소서.
오늘 우리에게 일용할 양식을 주시고,
우리가 우리에게 잘못한 사람을 용서하여 준 것같이
우리 죄를 용서하여 주시고,
우리를 시험에 빠지지 않게 하시고,
악에서 구하소서.
나라와 권능과 영광이
영원히 아버지의 것입니다. 아멘.

주기도문의 배경

기도에는 법칙이 있고 원리가 있다. 그렇기 때문에 기도는 어렵게 여겨진다. 세례 요한의 제자들이 세례 요한에게 기도를 가르쳐 달라고 한 것처럼(눅 11:1) 예수님의 제자들도 예수님께 기도를 가르쳐 달라고 요청했다. 주님은 먼저 형식적인 기도에 대하여 책망하시고(마 6:5-6) 기도에 대한 한 가지 모본을 가르쳐 주셨다(마 6:9-13). 그것이 기도의 순서, 기도의 원리, 기도의 표준이 된다.

주기도문의 분석

주기도문을 분석하면 크게 서론과 본론, 그리고 결론으로 나눌 수 있다. 서론에는 '하늘에 계신 우리 아버지여', 곧 기도의 대상이 나오고, 그 다음 본론에는 여섯 가지 기도문이 나온다. 여섯 가지 기도문 중 앞의 세 가지는 하나님에 대하여, 뒤의 세 가지는 자신을 위한 것이다. 마지막 결론 부분에는 '대개 나라와 권세와 영광이 아버지께 영원히 있사옵나이다', 곧 일종의 송영이요, 신앙고백이 나온다. 짧은 기도문이지만 그 내용이 얼마나 질서정연한가! 우리는 기도할 때 이런 구조와 이런 순서와 이런 정신으로 기도해야 한다.

기도의 대상
하늘에 계신 우리 아버지여,

기도 제목
1) 이름이 거룩히 여김을 받으시오며,
2) 나라가 임하옵시며,

3) 뜻이 하늘에서 이룬 것같이
땅에서도 이루어지이다.
4) 오늘 우리에게 일용할 양식을 주옵시고,
5) 우리가 우리에게 죄 지은 자를 사하여 준 것같이
우리 죄를 사하여 주옵시고,
6) 우리를 시험에 들게 하지 마옵시고
다만 악에서 구하옵소서.

송영

대개 나라와 권세와 영광이
아버지께 영원히 있사옵나이다.
아멘.

주기도문 해설

기도의 대상

하늘에 계신 우리 아버지여 (하늘에 계신 우리 아버지)*
주기도문 맨 앞에 나오는 '하늘에 계신 우리 아버지(여)'

는 기도가 아니고 기도의 대상을 호칭하는 것으로 기도의 서론격이 된다. 우리의 기도의 대상은 하늘에 계신 우리 아버지 하나님이시다.

기독교의 기도란 독백이나 주문이 아니라 분명한 대상을 향해 말하는 것이고, 그 대상으로부터 응답을 받는 대화이다. '하늘에 계신다'는 것은 크게 두 가지 의미를 지닌다.

첫째, 하나님의 영역을 의미하는데, 하나님은 계시지 않는 곳이 없다는 뜻이다. 무소부재(無所不在)의 하나님이심을 나타내는 말이다.

둘째, 하나님의 능력을 말해 준다. 사도신경에는 '전능하사 천지를 만드신 하나님 아버지'라고 표현하였는데, 하나님의 전지전능(全知全能)을 말한다.

다음으로 하나님을 '아버지'라고 불렀다. 무소부재하시고 전지전능하신 하나님이 우리와 어떤 관계가 있느냐? 바로 우리의 아버지라는 것이다. 여기 '아버지'란 단순히 넓은 의미로서 피조물을 만드신 분을 뜻하는 것이 아니다. 그것은 "영접하는 자 곧 그 이름을 믿는 자들에게는

---

* 새 번역

하나님의 자녀가 되는 권세를 주셨으니"(요 1:12)에서 볼 수 있듯이 하나님의 아들 예수 그리스도를 영접한 자, 다시 말해서 하나님 아들의 영을 받은 자들의 실질적인 아버지가 되신다는 사실을 말한다.

그리고 '우리' 아버지라고 했다. 나만의 아버지가 아니라 예수를 영접한 모든 사람의 아버지라고 가르쳐 주고 있다. 그러므로 믿음의 형제끼리 서로 사랑하고 서로를 위해 기도할 수 있어야 한다. 우리가 기도를 바르게 하려면 기도의 대상을 분명하게 알고 해야 한다.

기도 제목
1) 이름이 거룩히 여김을 받으시오며 (아버지의 이름을 거룩하게 하시며)

새 번역에는 "'아버지께서 우리를 통하여 당신의 이름을 거룩하게 하소서'라는 의미가 함축되어 있다"라고 주를 달고 있다. 우리가 기도하는 목적을 선명하게 밝히고 있다.

성경의 이름이란 중요한 의미를 담고 있다. 우리의 이름과는 완전히 다르다. 이노균(李魯均)하면 '李'는 성이고,

'均'은 항렬(行列)이며, 자신의 이름은 '魯'자 한 자뿐이다. 하지만 서양 사람들은 정반대이다. John F. Kennedy의 'John'은 이름이고, 'Kenndy'는 성이다. 그러나 성경의 이름은 성도 없고 항렬도 없다. '아브라함'하면 전체가 이름이고, 그 뜻은 '여러 민족의 아버지'라는 뜻이다. 그러면 하나님의 이름은 어떤 뜻을 가지고 있는가? 바로 하나님은 본체를 나타낸다. 그렇기 때문에 하나님의 이름을 망령되이 일컫지 말라고 하셨다.

구약시대 이스라엘 백성들은 '여호와'라는 하나님의 이름을 아예 부르지 않고, 우리나라에서 옛날 이름 대신 호를 지어 부른 것처럼 다른 이름, 곧 주인이라는 뜻을 가진 '아도나이'라고만 불렀다.

'이름이 거룩히 여김을 받으시오며'라는 첫 번째 기원은 기도의 목적을 말한다. 우리의 기도가 먼저 하나님의 이름이 거룩히 여김을 받도록 하는 데 있다는 것이다.

하나님은 거룩하신 분이시고, 인간은 하나님의 거룩성을 더할 수도 덜할 수도 없다. 마치 태양빛을 인간이 어떻게 가감할 수 없는 원리처럼 말이다. 그러나 성도들이 거룩한 생활을 하지 않을 때 하나님의 거룩성에 손상이 간다. "율법을 자랑하는 네가 율법을 범함으로 하나님을 욕되게 하느냐 기록된 바와 같이 하나님의 이름이 너희 때문에 이방인 중에서 모독을 받는도다"(롬 2:23-24)

그래서 하나님이 갖고 계시는 그 거룩성을 온전히 받을 수 있기를 원하고 기원한다는 뜻이다. 그리고 모든 주기도문은 이 목적을 달성하기 위한 구체적인 내용이라 할 수 있다.

2) 나라가 임하옵시며 (아버지의 나라가 오게 하시며)

새 번역에는 '아버지의 나라'라고 했다. 아버지의 나라, 곧 하나님의 나라를 의미한다.

두 번째 기도는 '나라가 임하옵시며'인데, 여기 '하나님의 나라'는 하나님이 다스리는 통치 영역을 말한다. 하나님이 내 마음을 다스려 주시면 하나님의 나라가 내 마음에 임한다는 것이요, 심령천국이 된다는 것이다.

우리는 우리의 마음을 마음대로 다스리지 못한다. 왕양명(王陽明) 같은 대학자도 자기 마음을 다스리지 못한다고 고백했다. "산중의 적은 무찌를 수가 있지만 마음속에 있는 적은 무찌를 수 없다." 하나님께서 자기 마음을, 자기

가정을, 자기 나라를 다스려 주시도록 기도하라는 것이다.

하나님이 우리의 마음을 다스려 주시면 우리는 참된 만족과 기쁨과 평안을 얻는다. 그러나 마귀가 우리의 마음을 지배하게 되면 원망과 불평과 불만이 가득차게 된다. 구약성경에 나오는 요나는 니느웨로 가라는 하나님의 명령을 거역하고 다시스로 도망갈 때 어떻게 되었는가?

바다가 흉용하고 바다에 던짐을 당하고 고기 뱃속으로 들어가서 고통을 당하다가 고기가 견디지 못해 토해내는 바람에 밖으로 나올 수 있었다. 좌충우돌하고 문제투성이 사고뭉치가 된 것이다. 그러나 요나가 회개하고 하나님의 나라가 그 마음에 임할 때 니느웨 온 성이 다 회개하고 하나님께 돌아왔다.

요나 한 사람에게 하나님의 나라가 임할 때 온 이방인 나라까지 하나님의 나라가 임했던 것이다. 하나님의 나라가 임하게 해 달라는 이 기도야말로 얼마나 절실한 기도이며, 얼마나 거룩한 기도인가!

하나님의 나라는 종국적으로 주님이 재림할 때 이루어지는 천국을 말한다. 그래서 어떤 주경가(註經家)는 바로 이 기도는 주님의 재림을 재촉하는 기도라고 했다. 여하튼 대단히 뜻이 깊은 기도임에 분명하다.

3) 뜻이 하늘에서 이룬 것같이 땅에서도 이루어지이다
(아버지의 뜻이 하늘에서와 같이 땅에서도 이루어지게 하소서)

세 번째 기원은 하나님의 '뜻이 하늘에서 이룬 것같이 땅에서도 이루어지이다'라고 했다. 두 번째 기도문에서 하나님의 나라가 이 땅에 이루어지기를 기도했는데, 그러면 하나님의 나라가 어느 정도 이루어지기를 원하느냐에 대해 하나님의 뜻이 하늘에서 이룬 것같이 땅에서도 이루어지기를 원한다는 것이다.

하나님의 뜻은 하늘나라에서 100퍼센트 이루어진다. 천사들은 하나님의 뜻에 절대 순종한다. 그러나 이 땅은 그렇지 못하다. 하나님의 뜻과는 정반대로 흘러갈 때가 많다. 우주만물도 다 하나님의 뜻에 순종하고 있다. 해도 달도 지구도 하나님이 정해 주신 괘도를 벗어나지 않는다. 봄이 지나면 여름이 오고, 여름이 지나면 가을이 오고, 가을이 지나면 겨울이 온다. 동물의 세계에서도 하나님의 뜻에 순종한다. 동물은 해로운 것은 결코 먹지 않고 아무리 먹이가 많아도 과식을 하지 않는다. 자연은 기계적으로 하나님의 뜻에 순종하고 동물은 본능적으로 하나님의 뜻에 순종한다.

그러나 유독 인간만이 하나님의 뜻을 거역하는 경우가 많다. 하나님의 뜻은 고사하고 이 땅의 작태를 보면 인간의 뜻도 하나가 되지 못한다.

이러니 어떻게 하나님의 뜻이 하늘에서 이룬 것같이 땅에서도 이루어질 수 있는가?

여기 '이루어지다'라는 말은 묘한 함축미가 있는 말이다. '이루어지게 하옵소서'라는 기원도 되고, '이루어질 것입니다'라는 신앙고백도 된다. 그러므로 '하나님의 뜻이 하늘에서 이룬 것같이 땅에서도 이루어지다'라는 말은 반신반의하면서 기도하지 말고 확고한 믿음을 가지고 기도하라는 뜻이다.

그리고 기원의 범위는 '땅'이라고 했다. 여기서 '땅'이란 자기 나라만이 아니라 지구 전체를 의미한다. 그러므로 이 세상 전체에 하나님의 뜻이 이루어지도록 미국 대통령과 러시아 대통령을 위해서도 기도하라는 뜻이다. 참으로 주기도문은 얼마나 깊고 고귀한 기도이며, 동시에 배우기 힘든 기도인가를 절감하게 된다.

4) **오늘 우리에게 일용할 양식을 주옵시고** (오늘 우리에게 일용할 양식을 주시고)

주기도문 가운데 하나님에 관한 3조의 기도문은 모두 넓은 의미를 갖고 있는 포괄적이지만, 인간에 대한 3조의 기도문은 모두 구체적이다. 우리가 우리의 문제를 갖고 기도할 때에는 구체적으로 기도해야 된다는 뜻이다. 인간에 대한 기도의 첫째 조목이 오늘 필요한 양식을 구하라는 기도다.

여기 '일용할 양식'은 원래 병사에게 지급되는 하루의 배급량을 말한다. 우리가 하나님께 양식을 구할 때 날마다 그 날의 양식을 구하라고 하셨다. 실제로 이스라엘 백성이 애굽에서 나와 광야를 행진할 때 하나님은 매일매일 만나를 내려 먹게 해주셨다. 일용할 양식을 구하라는 것은 하나님이 먹여 주시는 것을 전적으로 믿고 의지하라는 말씀이며, 아울러 일용할 양식에 만족하며 살아가라는 교훈도 담겨 있다. 그래서 일용할 양식을 구하는 데 기독교의 진수(眞髓)가 있다고 한다.

비단 양식뿐만 아니라 우리의 생필품도 같은 원리로 구

할 수 있어야 한다.

특별히 유의할 점은 일용할 양식을 구하되 '우리에게 일용할 양식'을 구하라고 한 점이다. 그렇다면 우리 주변의 헐벗고 굶주린 형제들의 양식을 아울러 구해야만 한다는 뜻도 된다. 여기서 '우리'의 범위, 즉 영역이 문제가 된다. 옛날 12대 만석꾼이며, 9대 진사를 배출한 경주 최부잣집 가훈은 "주변 100리 안에 굶어 죽는 사람이 없게 하라"는 것이었다고 한다. 우리 그리스도인들은 신앙의 연륜이 쌓일수록 우리의 영역을 넓혀 가야 한다.

하나님은 어떤 사람에게는 물질을 많이 주시고, 어떤 사람에게는 적게 주신다. 그래서 부자는 가난한 사람을 돕도록 하시는 것이다. 하나님은 그것을 기뻐하신다. 예수님도 우리에게 "가난한 자들은 항상 너희와 함께 있거니와"(마 26:11)라고 하셨다.

가난한 사람을 돕는 것이 부자의 의무이며, 동시에 가난한 사람이 도움을 받아야 되는 것도 권리이다. 아시시의 성자 프란치스코는 자주 이런 말을 했다.

"배고픈 사람이 먹을 것을 달라 하면 언제나 주라. 그 사람이 남의 것을 달라는 것이 아니고 자기 것을 달라 하기 때문이다."

얼마나 숭고한 정신이며 얼마나 높은 차원의 윤리관인가! 심지어 최후의 심판 때 하나님은 무엇을 가지고 심판하신다고 하셨는가? "주린 자에게 먹을 것을 주었느냐 헐벗은 사람에게 입을 옷을 주었느냐"(마 25:35)라고 하지 않았는가!

5) 우리가 우리에게 죄 지은 자를 사하여 준 것같이 우리 죄를 사하여 주옵시고 (우리가 우리에게 잘못한 사람을 용서하여 준 것같이 우리 죄를 용서하여 주시고)

사람에 대한 두 번째 기도문은 '우리가 우리에게 죄 지은 자를 사(용서)하여 준 것같이 우리 죄를 사하여 주옵시고'라고 했다. 언뜻 보면 우리가 우리에게 죄 지은 자를 사하여 주었으니, 그 공로로 우리의 죄도 용서하여 달라는 뜻으로 해석하기 쉽다. 그러나 그와 정반대의 의미다. 우리가 먼저 하나님께 모든 죄를 용서받았기 때문에 우리도 우리에게 죄 지은 자를 용서해 주어야 한다는 뜻이다.

이 기도문을 가장 잘 설명해 주는 것이 바로 마태복음 18장에 나오는 '1만 달란트 빚진 자의 비유'이다. 1만 달란트를 빚진 사람이 그 주인에게 그 많은 빚을 탕감받고 돌아가다가 자기에게 불과 100데나리온(참고, 1달란트는 6,000 데나리온) 빚진 자를 탕감해 주지 못하고 옥에 가두었다. 그 이야기를 들은 주인은 노하여 그 사람이 빚을 다 갚도록 옥졸에게 넘겼다. 이 이야기야말로 다섯 번째 기도문의 뜻을 잘 반영하는 대목이다. 우리의 모든 죄를 다 용서함 받았기 때문에 우리가 형제의 죄를 용서해 주지 않으면 하나님도 우리의 죄를 용서하시지 않는다는 것이다. 사람이란 사랑을 받아야 사랑을 베풀 수 있고, 아울러 죄사함의 은총을 받아본 사람이라야 형제의 죄를 용서할 수 있는 법이다.

여기 죄사함이란 것은 우리가 회개하고 구원받은 그 죄를 말하는 것이 아니다. 우리가 예수를 믿는 순간, 과거 우리의 모든 죄는 다 사함받아 하나님의 자녀가 되고 하나님의 생명책에 우리의 이름이 기록된다. 이는 취소될 수도 변경될 수도 없다. 그러나 우리가 하나님의 자녀가 되었지만 이 세상을 살다 보면 또 죄를 지을 수가 있다. 여기 죄라는 것은 바로 그런 죄를 말한다. 그 죄 때문에 지옥 가는 것은 아니지만, 죄가 있으면 하나님께 기도가 되지 않고 구원의 즐거움이 없어진다.

이 기도문은 인간과 인간의 화해를 촉구하는 기도라고 말할 수 있다. 쌓인 담을 헐고 맺힌 원한을 풀고 서로서로의 죄와 허물을 용서하여 화평을 이룩하라는 뜻이다.

"예물을 제단에 드리려다가 거기서 네 형제에게 원망들을 만한 일이 있는 것이 생각나거든 예물을 제단 앞에 두고 먼저 가서 형제와 화목하고 그 후에 와서 예물을 드리라"(마 6:23-24)고 말씀하셨다. 하나님과의 화해보다 먼저 인간과 인간 사이의 화해가 되어야 하고, 그 다음에 하나님과 화해해야 한다는 것이다. 그렇기 때문에 우리가 먼저 형제와 화해하지 않으면 하나님께 아무리 기도한다 해도 그 기도를 들어 주시지 않는다. "사람이 귀를 돌려 율법을 듣지 아니하면 그의 기도도 가증하니라"(잠 28:9)

실제로 주기도문 가운데 이 대목의 말씀에 많은 사람들이 자극을 받고 충격을 받는다. 만일 주기도문 가운데 이 대목이 없었다면 형제의 죄 용서에 대해서 우리는 모두 무관심했을지도 모른다. 이 말씀이 있기 때문에 찔림을 받고 충격을 받고 형제의 죄를 용서하게 된다.

우리가 우리에게 죄 지은 자를 '사하여 준 것같이'의 시제는 과거형이다. 그러니까 우리가 우리에게 죄 지은 자를 사하여 준 정도로 우리 죄를 사하여 달라는 뜻도 된다. 그렇다면 만일 우리가 형제의 죄를 사하여 주지 않고 기도를 드린다면 내 죄도 사하여 주지 말라는 기도가 된다. 참으로 드리기 힘든 기도라 할 수 있다. 우리는 먼저 형제의 죄를 용서해 주고, 담대히 하나님께 나아가서 '나의 죄를 용서해 달라'고 말할 수 있어야 한다.

6) 우리를 시험에 들게 하지 마옵시고, 다만 악에서 구하옵소서 (우리를 시험에 빠지지 않게 하시고, 악에서 구하소서)

자신을 위한 마지막 기도문은 '우리를 시험에 들게 하지 마옵시고, 다만 악에서 구하옵소서'이다. 여기에는 두 가지 내용, 즉 '시험에 빠지지 않게 하옵소서'와 '악에서 구하옵소서'가 포함되어 있다. 현대는 예방의학이 발달하여 병을 예방하기에 주력하는데, 그렇다고 모든 병을 다 예방할 수 있는 것은 아니다. 예방의학에도 한계가 있어 병에 걸릴 수도 있다. 그럴 때에는 약을 먹고 치료해야 한다. 우리 영혼의 질병도 이와 같다. 시험에 들지 않도록 먼저 기도하라고 하셨다. 그러나 시험에 빠졌을 때에는 어떻게 해야 할까? '악에서 구하옵소서'라고 했다. 참으로 적절한 기도라고 할 수 있다. 그런데 시험은 무엇이며, 누가 시험하는가? "하나님이 아브라함을 시험하시려고 그를 부르시되"(창 22:1)라는 말씀을 보면 시험 또한 하나님이 하신다는 걸 알 수 있다. 그런데 "하나님은 친히 아무도 시험하지 아니하시느니라"(약 1:13)라는 말씀을 보면 또 하나님은 시험하시지 않는다. 그렇다면 시험이 있다는 말인지 없다는 말인지 도무지 알 수가 없다.

시험은 하나님이 하시는 시험이 있고, 마귀가 하는 시험이 있다. 하나님이 하시는 시험은 무엇을 베풀기 위하여 받을 자격이 있는지 그 여부를 알아보는 시험이고, 마귀의 시험은 악에 빠뜨리기 위해 유혹하는 시험이다. 영어로 전자를 Test 또는 Train으로, 후자를 Temptation으로 각각 다르게 표시하기도 한다.

하나님이 하시는 시험은 연단을 목적으로 하는 시련을 말하고, 마귀가 하는 시험은 멸망으로 넘어뜨리기 위한 유혹을 말한다. 따라서 "하나님은 친히 아무도 시험하지 아니하시느니라"는 말씀은 악으로 넘어뜨리는 시험은 하시지 않는다는 뜻이다. 하나님은 오로지 많은 상급을 주시기 위해 먼저 시험하신다. 고난으로 연단하여 정금 같은 믿음을 갖게 한 뒤 비로소 놀라운 복을 베푸신다. 그래야 그 복을 온전히 누릴 수 있기 때문이다. 그렇기 때문에 "내 형제들아 너희가 여러 가지 시험을 당하거든 온전히 기쁘게 여기라"(약 1:2)고 말씀하셨다.

뿐만 아니라 세상의 시험에도 자격이 있는 자에게만 치르게 하는 것처럼 하나님도 자격이 있는 사람에게만 시험하신다. "감당하지 못할 시험 당함을 허락하지 아니하시고 시험 당할 즈음에 또한 피할 길을 내사 너희로 능히 감당하게 하시느니라"(고전 10:13)라고 하셨다.

주기도문의 시험은 마귀가 유혹하는 시험을 말한다. "근신하라 깨어라 너희 대적 마귀가 우는 사자같이 두루 다니며 삼킬 자를 찾나니"(벧전 5:8)라고 했으므로 깨어 기도하지 않으면 안 된다.

우리가 시험에 빠지지 않도록 기도하다가 만일 시험에 넘어지면 악에서 구원해 달라고 기도하라는 것이다. 시험하는 마귀는 영물(靈物)이기 때문에 우리의 힘으로 물리치기가 어렵다. 그래서 기도하라는 것이다.

송영

대개 나라와 권세와 영광이 아버지께 영원히 있사옵나이다. 아멘. (나라와 권능과 영광이 영원히 아버지의 것입니다. 아멘.)

주기도문의 맨 끝 부분은 주기도문의 결론이다. 새 번역에는 '대개'가 없다. '대개(大蓋)'란 말의 뜻이 좀 애매한데, 그 뜻은 '일의 원칙으로 보아서 말하건대'이다. 다시 말해 왜 이렇게 기도하느냐 하면, 그러니까 그 '이유'는, 그 '까닭'은 이렇다는 것이다. 영어로 이유를 밝히는 전치사 for 혹은 because에 해당되는 말이다. 영어 성경에는 for가 들어가 있다.

우리 성경에는 과거에 '대개'를 넣었다가 빼었다가를 반복했다.

여섯가지 기도를 드린 까닭은 세상 모든 나라와 모든 권세와 모든 영광이 다 아버지 하나님께 영원히 있다는 것이다. 실제로 인간이 세운 나라, 인간의 권세, 인간의 영광은 변화무쌍하다. 그러나 하나님의 나라, 하나님의 권세, 하나님의 영광은 영원불변하다. '나라와 권세와 영광이 아버지께 영원히 있사옵나이다'는 일종의 신앙고백이요, 동시에 '세상 모든 권세와 영광은 마땅히 하나님께 돌려져야 합니다'라는 찬송이요, 믿음의 서약이다. 이렇게 볼 때 주기도문은 비록 짧은 기도이지만 그 구조가 얼마나 완벽하며 하나님 중심적인가를 잘 알 수 있다.

다만 한 가지 문제는 이 결론 부분이 누가복음에는 없고 마태복음에는 괄호 안에 넣어져 있다는 점이다. 그리고 하단에 설명하기를 '고대 사본에 이 괄호의 구절이 없음'이라고 주를 달아 놓았다. 그렇다면 과연 마태복음 원본에는 이 부분의 내용이 있느냐 없느냐 하는 것이다. 현재 원본은 존재하지 않고 사본 가운데는 이 부분이 빠진 것도 있고 들어간 것도 있다. 그것도 가장 오래된 사본에는 없고 그 뒤로 나온 사본에 이 부분이 들어가 있다. 그런데 2세기 전반기에 기록된 '열두 사도의 가르침'에는 이 기록이 들어가 있다.

칼빈은 있다고 주장했고 어거스틴은 반대했다. 그래서 가톨릭은 이 부분을 빼버렸다. 그러나 개신교는 기도의 형태나 균형을 보아서 있는 것이 맞다고 암송하고 있다. 마태복음은 유대인을 상대한 복음서인 만큼 형식을 대단히 소중하게 여기고 있다.

주기도문은 서론과 본론이 있으므로 결론 부분이 있다는 것은 자연스럽고 전체적인 균형에도 잘 맞는다고 볼 수 있다. 설령 마태복음 원본에 이 말씀이 빠졌다 해도 이 말씀의 내용은 모든 성경의 교훈과 정확히 일치한다. 그러므로 주님이 가르치신 기도를 뒷받침하기에도 충분한 원칙이 될 수 있다.

끝으로 '아멘'은 몇 가지 뜻을 갖고 있다.

첫째, '진실입니다'라는 뜻이다. 지금까지 올린 기도가 모두 진실입니다라는 고백이다. "예수께서 대답하여 이르시되 진실로 진실로 너희에게 이르노니 사람이 거듭나지 아니하면 하나님의 나라를 볼 수 없느니라"(요 3:3)고 하셨는데, 여기에서 진실로 진실로는 바로 아멘, 아멘이라는 뜻이다. 그렇기 때문에 기도는 진심으로 드려야 한다.

둘째, '동의합니다'라는 뜻을 갖고 있다. 회중의 대표가 기도를 하면 일반 성도들이 모두 '아멘'이라고 화답하는 것은 회중의 대표 기도에 자신이 전적으로 동의합니다라는 뜻이다.

셋째, '이루어 주십시오'라는 소원을 아뢰는 의미를 내

포하고 있다. 이렇게 드린 모든 기도를 하나하나 다 이루어 주십시오라는 기원의 뜻을 갖는다.

넷째, '확신합니다'라는 의미를 갖는다. 이 모든 기도를 이루어 주실 것이라 확실히 믿습니다라는 신앙고백이다.

결국 '아멘'이란 진실하신 하나님을 신뢰하고 높이는 의미가 담겨 있다.

또 '아멘'은 헬라어, 라틴어, 영어, 독일어, 불어 등 여러 언어권에서도 번역하지 아니하고, 히브리어인 '아멘'을 그대로 사용하고 있다.

끝을 맺으면서

'주기도문은 날마다 순교를 당한다'는 유명한 말이 있다. 주기도문을 형식적으로 암송함으로 그 속에 담겨져 있는 고귀한 뜻을 죽이기 때문이다. 주기도문에는 주님의 온전한 삶, 전인격적인 삶이 잘 반영되어 있다. 주기도문은 이렇게 기도하라는 뜻만 아니라 이렇게 살아가라는 의미도 포함되어 있다. 주님이 가르쳐 주신 주기도문 속에 담겨 있는 그 위대한 교훈을 마음속에 새기면서 암송하고 또한 그렇게 살아가도록 힘써야 한다.

• 탐구문제

1 사단의 나라가 붕괴되고 하나님의 나라가 확장된 실례를 들어보라.

예수님은 "내가 하나님의 성령을 힘입어 귀신을 쫓아내는 것이면 하나님의 나라가 이미 너희에게 임하였느니라"(마 12:28)라고 말씀하셨다. 귀신에게 지배를 받고 있는 사람으로부터 귀신을 내어쫓으면 그것이 바로 사단의 나라가 붕괴되는 것이고, 동시에 하나님의 나라가 확장되는 것을 뜻한다.

2 아굴은 왜 "나를 가난하게도 마옵시고 부하게도 마옵시고"(잠 30:8)라고 기도했는가?

아굴이 직접 그 이유를 밝혔다. "혹 내가 배불러서 하나님을 모른다 여호와가 누구냐 할까 하오며 혹 내가 가난하여 도둑질하고 내 하나님의 이름을 욕되게 할까 두려워함이니이다"(잠 30:9)라고 하였다. 그래서 "오직 필요한 양식으로 나를 먹이시옵소서"(잠 30:8)

라고 간구한 것이다. 즉 일용할 양식을 구한 것이다. 아굴의 기도야말로 얼마나 뜻이 깊은 기도인가!

3 예수님은 사단에게 몇 가지 시험을 받았으며 어떻게 승리하셨나?(마 4:1-11)

_____

_____

예수님은 사단에게 세 가지 시험을 받으셨다. 돌들이 떡덩이가 되게 하라. 성전 꼭대기에서 뛰어내리라. 그리고 사단에게 한 번만 절하라. 첫 번째 시험은 물질 문제이며, 두 번째 시험은 명예 문제이고, 마지막 시험은 신앙 문제이다. 이는 인간이 당할 수 있는 대표적인 시험들이다. 예수님은 이 세 가지 시험을 모두 하나님의 말씀(신 8:3, 신 6:16, 신 6:13)으로 물리치셨다.

4 요셉은 보디발 아내의 유혹(시험)을 어떻게 물리쳤나?(창 39:7-12)

_____

_____

요셉은 보디발의 아내가 자기 옷을 잡고 동침하기를 집요하게 요구할 때 옷을 빼앗긴 채 도망하여 그녀의 유혹을 물리쳤다. 사단 마귀는 우리를 시험할 때 여러 가지 형태로 유혹한다. 요셉처럼 이성으로 유혹할 때도 있고, 예수님처럼 한 번만 절하면 천하 영광을 다 주겠다고 유혹하기도 하고, 또 욥처럼 질병과 재난으로 시험하기도 한다.

그럴 때마다 대처하는 방법이 달라야 한다. 예수님처럼 거짓으로 유혹할 때 단호히 싸워서 물리쳐야 하고, 욥처럼 질병으로 공격할 때는 인내해야 한다. 그리고 요셉처럼 이성으로 유혹할 때는 도망쳐야 한다. 대처 방법이 바뀌면 실패할 수 있다. 만일 요셉이 보디발의 아내가 유혹할 때 옷깃을 움켜잡고 거부한다고 하면서 그냥 인내로 버텼다면 불 같은 여인을 어떻게 당해낼 수 있었을까? 열 번 찍어 넘어가지 않는 나무가 없다고 하지 않는가!

5 주기도문을 20번 암송하니 밤에 잠이 오더라는 말을 어떻게 생각하는가?

_____

_____

밤에 잠이 오지 않을 때 주기도문의 깊은 뜻을 묵상하면서 암송하면 하나님의 은혜로 잠이 올 수도 있겠지만, 주기도문을 무슨 주문이라도 외우듯이 의미 없이 되풀이한다면 주기도문 때문에 잠이 왔다고 할 수가 없다. 주기도문이 아니라 다른 무엇을 암송하더라도 정신이 집중되면 얼마든지 잠이 올 수 있기 때문이다. 그럴 경우 중언부언하는 기도밖에 되지 않는다.

주기도문은 매우 훌륭한 기도이다. 대구제일교회에서 시무하셨던 고 이상근 목사님이 미국 유학시절 새벽기도회에 나갔던 교회에 어떤 분은 새벽기도회 때마다 주기도문을 천천히 되풀이 암송하더란다. 그런데 그 기도가 목사님께 얼마나 은혜가 되었는지 모른다는 이야기를 했다.

6 찬양대의 찬양이 끝나면 일반 성도들이 아멘하는 뜻이 무엇인가?

___

___

찬양대의 찬양은 회중 전체가 함께 부르는 찬양과 다르다. 우리 개신교에서는 개혁 당시에 찬양대가 없었다고 한다. 회중 전체가 함께 찬송을 했는데, 화음이 잘 안 되고 찬양의 질이 떨어졌다. 그래서 특별히 음악성이 뛰어난 성도들을 선별하여 찬양대를 조직하고 온 회중을 대표해서 하나님께 찬양을 올리도록 한 것이 찬양대의 기원이다.

그러므로 찬양대의 찬양은 온 회중을 대표해서 하나님께 올리는 특별 찬송이다. 마치 회중의 대표가 기도하는 것과 같은 원리이다. 그러므로 회중의 대표가 기도를 하면 온 회중이 아멘하는 것처럼,

찬양대의 찬양이 끝나면 온 회중이 아멘하는 것이 가장 좋다. 나도 그런 찬양을 하나님께 올립니다라는 뜻이 되기 때문이다. 그렇지 않으면 단순히 음악 감상하는 것만 된다.

7 우리가 장차 하나님 앞에 서면 무엇으로 심판받는가?

_____

_____

최후 심판이야말로 우리 인간들에게 최대의 관심사가 아닐 수 없다. 과연 우리가 하나님 앞에 섰을 때 무엇으로 심판을 받는가? 마태복음 25장에 나오는 '양과 염소의 비유'에서 그 내용을 잘 알 수가 있다. "지극히 작은 자 하나가 주릴 때에 먹을 것을 주었느냐", "목마를 때에 마실 것을 주었느냐", "헐벗었을 때에 입을 옷을 주었느냐"라고 하셨다. 그러니까 어마어마한 것으로 심판하는 것이 아니라 지극히 평범한 일상생활을 갖고 심판하신다. 배고픈 사람에게 떡 한 조각을 주는 것은 누구나 할 수 있다. 여기에 심판의 비밀이 있고, 심판의 열쇠가 있다.

사도신경

전능하사 천지를 만드신 하나님 아버지를 내가 믿사오며,
그 외아들 우리 주 예수 그리스도를 믿사오니,
이는 성령으로 잉태하사 동정녀 마리아에게 나시고,
본디오 빌라도에게 고난을 받으사, 십자가에 못박혀 죽으시고
장사한 지 사흘 만에 죽은 자 가운데서 다시 살아나시며, 하늘에 오르사,
전능하신 하나님 우편에 앉아 계시다가,
저리로서 산 자와 죽은 자를 심판하러 오시리라.
성령을 믿사오며,
거룩한 공회와 성도가 서로 교통하는 것과,
죄를 사하여 주시는 것과,
몸이 다시 사는 것과,
영원히 사는 것을 믿사옵나이다. 아멘.

사도신경

전능하사 천지를 만드신 하나님 아버지를
    내가 믿사오며,
그 외아들 우리 주 예수 그리스도를 믿사오니,
이는 성령으로 잉태하사 동정녀 마리아에게 나시고,
본디오 빌라도에게 고난을 받으사,
    십자가에 못박혀 죽으시고,
장사한 지 사흘 만에 죽은 자 가운데서 다시 살아나시
    며, 하늘에 오르사,
전능하신 하나님 우편에 앉아 계시다가,
저리로서 산 자와 죽은 자를 심판하러 오시리라.
성령을 믿사오며,
거룩한 공회와 성도가 서로 교통하는 것과,
죄를 사하여 주시는 것과,
몸이 다시 사는 것과,
영원히 사는 것을 믿사옵나이다. 아멘.

새로 번역된 사도신경

나는 전능하신 아버지 하나님,
　천지의 창조주를 믿습니다.
나는 그의 유일하신 아들,
　우리 주 예수 그리스도를 믿습니다.
그는 성령으로 잉태되어 동정녀 마리아에게서 나시고,
본디오 빌라도에게 고난을 받아 십자가에 못박혀 죽으
　시고,
장사된 지 사흘 만에 죽은 자 가운데서 다시 살아나셨
　으며,
하늘에 오르시어 전능하신 아버지 하나님 우편에 앉아
　계시다가,
거기로부터 살아 있는 자와 죽은 자를 심판하러 오십
　니다.
나는 성령을 믿으며, 거룩한 공교회와 성도의 교제와
　죄를 용서받는 것과 몸의 부활과 영생을 믿습니다.
　아멘.

사도신경의 개요

사도신경(使徒信經)은 사도들이 신앙을 고백한 것으로 우리가 믿는 믿음의 핵심을 정리한 것이다. 그리스도인의 신앙장전인 셈이다. '사도'란 예수님이 직접 택하여 세운 제자로 열두 제자를 지칭한다.

예수님이 승천하시고 난 다음 열두 제자가 복음을 전하러 사방으로 흩어지기 직전에 고백한 것으로, 문서화된 것은 2세기경으로 추정하며, 그동안 여러 번 자구 수정이 있었고, 현재 내용으로 고정된 것은 8세기경이다.

최초의 신앙고백은 "주는 그리스도시요 살아계신 하나님의 아들이시니이다"(마 16:16)라는 베드로의 신앙고백이다. 이를 토대로 하여 그 이후 많은 신앙고백이 쏟아져 나왔다. 유명한 것만 해도 30~40종이나 된다. 그 가운데 신구교 모든 교회가 다 같이 고백하는 대표적인 신앙고백이 바로 사도신경이다.

성경은 대단히 방대한 책이기 때문에 성경을 통독하여 우리가 믿는 내용을 체계화한다는 것은 매우 어려운 일이다. 그러므로 우리가 믿는 믿음의 내용을 체계화한 사도신경은 대단히 소중하다. 사도신경을 이해하지 못하면 성경 전체를 이해할 수 없다 해도 과언이 아니다.

사도신경의 분석

사도신경은 열두 가지 신앙이 고백되어 있다. 첫째는 성부 하나님에 대하여, 두 번째부터 일곱 번째까지는 성자 예수님께 대하여, 여덟 번째는 성령에 대하여, 아홉 번째는 교회에 대하여, 열 번째는 죄 사함에 대하여, 열한 번째는 부활에 대하여, 마지막 열두 번째는 영생에 대한 신앙고백으로 구성되어 있다. 보통 아홉 번째부터 열두 번째까지를 하나로 묶어 "교회와 하나님의 은혜"로 통칭한다. 그래서 크게 성부 · 성자 · 성령 삼위일체 하나님과 교회와 하나님의 은혜로 나눈다.

성부 하나님
1) 전능하사 천지를 만드신 하나님 아버지를 내가 믿사 오며,

성자 예수님
2) 그 외아들 우리 주 예수 그리스도를 믿사오니
3) 이는 성령으로 잉태하사 동정녀 마리아에게 나시고,
4) 본디오 빌라도에게 고난을 받으사,
   십자가에 못박혀 죽으시고,
5) 장사한 지 사흘 만에 죽은 자 가운데서 다시 살아나시며,
6) 하늘에 오르사, 전능하신 하나님 우편에 앉아 계시다가,
7) 저리로서 산 자와 죽은 자를 심판하러 오시리라.

성령 하나님

8) 성령을 믿사오며,

교회와 하나님의 은혜

9) 거룩한 공회와 성도가 서로 교통하는 것과,

10) 죄를 사하여 주시는 것과,

11) 몸이 다시 사는 것과,

12) 영원히 사는 것을 믿사옵나이다. 아멘.

전설에 의하면, 열두 사도가 한 조목씩 고백한 것이라고 한다. 베드로가 성령의 감동을 받아 "전능하사 천지를 만드신 하나님 아버지를 내가 믿는다"라고 시작해서 그 다음에 안드레가(요한이었을지도 모른다) "그의 독생자 우리 주 예수 그리스도"라고 첨가했고, 야고보가 "그는 성령으로 잉태하다"라고 계속해서 전문이 완성되었다고 한다. 어쨌든 확실한 것은 알 수 없지만 열두 사도가 다 같이 공동으로 고백한 신앙고백인 것만은 틀림이 없다.

사도신경 해설

1) **전능하사 천지를 만드신 하나님 아버지를 내가 믿사오며** (나는 전능하신 아버지 하나님, 천지의 창조주를 믿습니다.)

새 번역에는 '나'라는 말이 앞에 나와 있다. 원문에 더 충실한 셈이다.

첫 번째 고백인 성부 하나님은 전능하신 분이라고 했다. 하나님은 문자 그대로 모든 것을 할 수 있는 능력의 소유자이시다. 포괄적인 의미를 갖는데, 보이는 것과 보이지 않는 것, 선한 것과 악한 것, 모든 것을 지배하시는 하나님이시라고 고백한다.

흔히들 이원론(二元論)을 많이 주장한다. 이 세상은 항상 '악'과 '선'이 투쟁하며, 선이 악을 이길 때도 있고, 반대로 악이 선을 이길 때도 있다는 것이다. 그러나 종국에 가서는 선이 이긴다. 마치 두 절대자가 있어서 같은 힘을 갖고 싸운다고 설명한다. 그러나 절대자는 하나님 한 분뿐이시다. 하나님은 모든 악한 세력도 다 지배하신다. 욥기에 보면 사단 마귀도 하나님의 지배 아래 있는 것을 잘 알 수 있다.

하나님이 전능하신 것은 천지를 창조하신 것만 봐도 잘 알 수 있다. "태초에 하나님이 천지를 창조하시니라"(창 1:1) 창조란 무(無)에서 유(有)를 만드신 것을 말한다. 하나님이 "빛이 있으라 하시니" 빛이 생겨났다(창 1:2). 다윈의 주장처럼 만물이 최초의 단세포인 '아메바'에서 진화된 것이 아니고 하나님이 말씀으로 만물을 창조하신 것이다.

그러면 전능하사 천지를 만드신 하나님은 우리와 어떤 관계가 있는가? 그 분이 바로 우리 아버지라고 하셨다. 고대로부터 수많은 종교가 있었지만, 자기들이 신앙하는 대상을 아버지라고 부른 종교가 없었다. 여기에 기독교 신관의 독특한 점이 있다.

그러나 하나님을 우리가 아버지라고 부르는 데는 많은 과정을 거쳐야 했다.

구약시대에는 하나님을 개개인의 아버지라고 부르지 않고 이스라엘 민족 전체의 아버지라 했고, 그 관계는 혈연적이었다. 아브라함의 후손이 되어야 하나님의 자녀가 되었다.

그 다음 바벨론의 포로가 되었을 때는 부성 관계가 개인화되었다. 포로기의 선지자 에스겔은 "가령 내가 그 땅에

전염병을 내려 죽임으로 내 분노를 그 위에 쏟아 사람과 짐승을 거기에서 끊는다 하자 비록 노아, 다니엘, 욥이 거기에 있을지라도 그들도 자녀는 건지지 못하고 자기의 공의로 자기의 생명만 건지리라"(겔 14:19-20)라고 했다. 신앙은 오직 하나님과 나의 1 대 1의 관계임을 규명하고 있다.

결정적으로 하나님을 아버지로 부르게 한 것은 예수님이시다. 예수님은 막달라 마리아에게 "내 아버지 곧 너희 아버지"(요 20:17)라고 하셨다.

미국의 신학자 뷰스넬은 "예수께서 하나님을 아버지라 가르쳐 주신 것 그것 하나만 하더라도 최대의 스승이다"라고 했다.

2) 그 외아들 우리 주 예수 그리스도를 믿사오니 (나는 그의 유일하신 아들, 우리 주 예수 그리스도를 믿습니다.)

새 번역에는 역시 '나'라는 말이 앞에 나왔고, 또 '외아들'을 '유일하신 아들'로 번역했다. '외아들'은 여동생이 있을 오해가 생길 수 있다.

사도신경 분석에서 이미 언급한 대로 사도신경 열두 가지 신조 가운데 절반인 여섯 가지가 예수 그리스도에 관한 신조이다. 이것 하나만 보더라도 예수 그리스도가 우리 신앙의 대상이 되고, 신앙고백의 가장 중요한 중추적인 부분인 것을 잘 알 수가 있다. 한마디로 우리 기독교는 예수 그리스도를 믿는 종교이다.

그러면 예수는 누구인가? 먼저 하나님의 유일하신 아들이라 하였다. 요한복음 3장 16절에는 독생자(獨生子)라 하셨다. 흔히들 하나님의 아들이라고 말하면 하나님의 부인은 누구인가라고 묻는데, 하나님은 영이시기 때문에 형체가 없다. 그래서 인간처럼 부정모혈로 아들을 낳는 것이 아니다. 모든 동식물을 보면 암수가 있어 생식하지만, 그렇지 않은 것도 있다. 어떤 식물은 포자로 번식하기도 한다.

예수님도 독생자이시지만 인간처럼 출생하지 않고 낳아진 것이다. 소위 '낳지 않고 낳아진 아들'이시다.

그리고 우리 주 예수 그리스도를 믿는다고 했는데, 여기서, '주'라는 말은 종이 상전을 부를 때 사용된 말이다. 당시 종은 상전의 소유물로, 팔기도 하고 사기도 했다. 예수 그리스도가 피로써 우리를 샀기 때문에 우리의 주가 되시는 것이다. 그리고 '예수 그리스도'는 인명(人名)과 직명(職名)을 말한다. 예수는 베들레헴에서 태어난 마리아의 아들 이름이고, 그 뜻은 '여호와가 구원하시다'이며, 그 당시 흔한 이름이기도 하다.

'그리스도'는 목사와 장로처럼 직책을 말하는 직명으로, 그 의미는 '기름 부음을 받은 자'라는 뜻이다. 구세주, 곧 메시야를 말한다. 구약시대에는 왕과 선지자, 제사장이 모두 기름 부음을 받고 사명을 감당했다. 그렇다고 해서 그들을 모두 메시야로 부르지는 않았다. 그들의 임무는 맡은 직책 하나에만 한정되었다. 그러나 예수님은 이 세 가지 직책을 완전히 총괄했다. 그래서 예수님이 그리스도가 되신 것이다. 이 분이 바로 이스라엘 백성들이 대망해 오던 메시야, 바로 그 분이라고 고백한 것이다.

3) 이는 성령으로 잉태하사 동정녀 마리아에게 나시고
(그는 성령으로 잉태되어 동정녀 마리아에게서 나시고)

성자 예수 그리스도에 대한 고백 가운데 두 번째는 동정녀 탄생에 대한 고백이다.

동정녀 탄생에 대한 기사는 마태복음과 누가복음에 나온다. 마태복음은 마리아가 요셉과 정혼하고 동거하기 전에 성령으로 잉태되었다(마 1:18)라고 증거하고, 누가복음에는 좀 더 자세하게 가브리엘 천사가 마리아에게 성령으로 잉태되어 구세주를 낳을 것을 고지해 주었다고 했다(눅 1:26-38). 기독교 교리 가운데 동정녀 탄생만큼 논란이 많았던 것도 없다.

동정녀 탄생에 대한 비판

동정녀 탄생을 부인하는 가장 큰 이유는 비과학적이라는 점이다. 과학적으로 처녀가 아이를 낳을 수 없다는 것이다. 하지만 하나님은 전능하신 분으로 무(無)에서 유(有)를 창조하신 분이기 때문에 하등의 문제가 될 수 없다.

다음으로 성경 해석상의 오류가 있다는 것이다. 문제의 성구 이사야 7장 14절 "주께서 친히 징조를 너희에게 주실 것이라 보라 처녀가 잉태하여 아들을 낳을 것이요"에서 '처녀'란 낱말은 젊은 여자란 뜻도 있다는 것이다. 물론 그렇게 해석할 수도 있지만, 그렇게 하면 하나님의 아들의 징조가 무시된다. 그렇기 때문에 반드시 처녀라고 해석해야 한다.

신인양성(神人兩性)의 문제

예수가 성령으로 잉태되었다면 과연 예수는 사람인가 하나님인가? 그리고 신인양성을 겸비한 분이라면 인성과 신성이 언제 어떻게 결합되었는가? 꼬리에 꼬리를 무는 논쟁이 끊임없이 전개되었다.

사실 313년 기독교가 공인되고 난 다음부터 장장 2세기에 걸쳐 격렬한 신학적 논쟁의 초점이 된 것이 바로 '기독론(基督論)'이다. 이 문제를 거론하기 위해 수차례 세계총회가 소집되었고, 마침내 451년 칼케돈(Chalcedon) 회의에서 매듭을 지었다.

"그리스도는 신성에 있어서도 인성에 있어서도 모두 완전하시며 참 하나님인 동시에 참 사람이시다. 이 양성은 섞이지 아니하고 변하지 아니하고 나누어지지 아니하고 떠나지 아니하고 보존되어서 하나의 인격을 이룬 것이다"라는 결론을 얻고, 그 이후 1600년 동안 기독교 공식 교리로 지켜오고 있다. 마리아는 완전한 하나님이시요, 완전한 사람을 낳으신 것이다.

성육신(成肉身)의 목적

하나님의 외아들이 왜 인간의 몸을 입고 인간 역사 속으로 오셨나? 성육신의 목적은 세 가지로 집약할 수 있다. 첫째, 인간의 죄를 대속하기 위해서는 완전한 사람이 되셔야만 했다. 구약시대는 사람의 죄를 대속하기 위해 양을 잡아 그 피를 뿌리고 속죄함을 받았지만 한시적이었고, 사람의 죄를 대속하기 위해서는 똑같은 사람의 몸으로 오셔야만 했다.

둘째는, 하나님을 보여주시기 위해서다. 빌립이 예수님을 보고 "주여 아버지를 우리에게 보여 주옵소서"라고 할 때 주님은 "나를 본 자는 아버지를 보았거늘 어찌하여 아버지를 보이라 하느냐"(요 14:8-9)라고 하셨다. 하나님은 당신 자신을 보여 주시기 위해 인간의 몸을 입고 이 땅에 오셨다. 하나님을 보여 주신 것을 계시라고 하는데, 최고의 계시는 바로 성육신하신 예수 그리스도이시다.

끝으로, 사람의 완전한 표본을 보여 주시기 위하여 오셨다. 첫째, 아담은 불순종의 대표가 되고, 예수 그리스도는 순종의 표본이 되셨다.

추가해서 부연할 것은 "말씀이 육신이 되어 우리 가운

데 거하시매"(요 1:14)라는 구절에서 '되어'라는 말은 헬라어 문법으로 부정과거형이다. 한 번 됨으로 결정적으로 된 것, 영원히 되신 것을 말한다. 인간이 되신 그리스도는 인간과 하나님 사이에 영원한 중보자가 되신다. 얼마나 신비한 교리이며, 얼마나 놀라운 은혜인가! 그저 하나님께 고백할 때마다 감사할 수밖에 없다.

4) 본디오 빌라도에게 고난을 받아 십자가에 못박혀 죽으시고 (본디오 빌라도에게 고난을 받아 십자가에 못박혀 죽으시고)

그리스도에 대한 사도신경의 고백은 성령으로 잉태해서 바로 십자가의 죽음으로 넘어간다. 그리스도의 생애 가운데 놀라운 이적과 교훈은 한마디도 언급하지 않는다. 사도신경뿐만 아니라 주님의 생애와 교훈을 기록한 4복음서에도 역시 33년의 생애 가운데 마지막 한 주간의 고난과 부활에 대한 기사를 전체 3분의 1 분량으로 할애했다. 예수님의 죽음과 부활이 그만큼 중요한 의미를 갖고 있다는 뜻이다.

예수님이 행하신 놀라운 이적과 기사라든가 위대한 교훈은 모두 예수님의 대속의 죽음과 부활을 증거하기 위한 수단에 불과한 것이다.

본디오 빌라도에게 고난을 당하셨다

당시 유대 나라는 로마의 속국이었기 때문에 로마총독의 사형선고가 있어야 사형이 가능했다. 그래서 대제사장과 유대 교권주의자들은 예수를 체포하여 사형에 처하라고 총독인 본디오 빌라도에게 넘겼다. 빌라도는 예수를 심문해 보았으나 어떤 죄도 발견할 수가 없었다. 그래서 석방하고자 하였으나 유대 교권자들의 항의가 너무나 격렬하여 석방하면 민란이 일어나 자기 처지가 위태로울까 염려하여 사형에 처하라고 내어 준 것이다(마 27:11-26).

더욱이 자기 부인이 꿈을 꾸고 이 사람은 죄가 없으니 놓아 주라고 간청하였으나(마 27:19) 아내의 간곡한 만류도 뿌리치고, 자기 직위에만 연연하여 죄 없는 예수에게 사형 선고를 내림으로 만고에 없는 죄인이 되었다.

십자가에 달려서 죽음을 당했다

본디오 빌라도가 예수에게 사형 선고를 내리자 간악한 로마 병사들은 달려들어 얼굴에 침을 뱉고 가시관을 씌우고 온갖 희롱과 조롱을 한 뒤 예수님이 달리실 십자가를 지게 한 뒤 빌라도 법정에서 약 800미터 떨어진 예루살렘 성 밖 골고다 언덕까지 끌고 가게 하였다.

당시 가장 잔인한 형벌이 바로 십자가형인데, 로마 시민은 어떤 극악한 죄를 지어도 십자가형에는 처하지 않았다. 하지만 식민지 백성 가운데 중대한 국사범, 극악무도한 범죄자는 십자가형에 처했다. 보통 십자가에 달리면 2~3일간 고통하다가 죽었다. 예수님은 아침 9시에 십자가에 달려서 오후 3시에 돌아가셨다. 그런데 예수님은 어떻게 빨리 돌아가셨는가? 여러가지 학설이 있으나 심장파열설이 유력시된다.

예수님은 스스로 죽음을 택하셨다. "아버지께서 주신 잔을 내가 마시지 않겠느냐"(요 18:11)라고 말씀하시며, 만민의 죄를 대속하기 위해 스스로 죽음을 택하신 것이다.

그러면 왜 십자가까지 지셔야만 했을까? 세상에서 가장 흉악한 죄인까지 구원하시기 위해서였다. 실제로 십자가의 보혈로 구원을 받은 최초의 인물은 예수님과 함께 십자가형을 당한 흉악범이었다. 그를 본보기로 구원해 주신 것이다.

5) 장사한 지 사흘 만에 죽은 자 가운데서 다시 살아나시며 (장사된 지 사흘 만에 죽은 자 가운데서 다시 살아나셨으며)

새 번역에는 '장사한 지'에 '장사되시어 지옥에 내려가신 지'라는 주가 붙어 있고, 또 '공인된 원문(Foma Recepta)에는 있으나 대다수의 본문에는 없다'라는 설명을 추가했다. 예수님이 십자가에서 돌아가신 다음 부활하실 때까지 그 영혼이 지옥에 내려가셨다고 고백하는 교회(국가 단위)도 있고, 우리나라(개신교)처럼 언급이 없는 교회도 있다.

예수님은 십자가에 달려 돌아가셨다가 사흘 만에 살아나셨다. 만일 예수님이 살아나지 못하셨다면 우리의 구주가 될 수가 없었다. 예수님은 완전한 사람이시기 때문에 우리의 죄를 대속하기 위해 십자가에 돌아가시고 또 완전한 하나님이시기 때문에 사망 권세를 깨뜨리시고 부활하셨다.

부활의 반론

죽은 사람이 어떻게 다시 살아날 수가 있느냐며 이에 대해 반론이 많다. 대표적인 학설로는 '기절설'이다. 예수님은 십자가에서 완전히 죽지 않고 기절했다가 시원한 무덤에 안치하니까 살아났다는 것이다. 로마 병사가 생사 확인을 하기 위해 창으로 옆구리를 찔러 보고 죽음을 확인했다(요 19:33-34).

또 하나는 '도적설'이다. 예수님의 시신을 제자들이 훔쳐갔다는 것이다. 로마 병사들이 무덤에 인봉까지 하고 철통같이 경비하는데, 어느 누가 시체를 훔쳐갈 수가 있겠는가? 더욱이 예수님의 시신을 쌓던 세마포와 수건을 잘 접어둘 수가 있었겠는가?(요 20:6-7)

마지막으로 '환상설'이다. 이른 새벽에 여인들이 예수를 본 것이 아니라 환상을 보았다는 것이다. 환상이라면 어떻게 500여 명이 동시에 볼 수가 있었겠는가?(고전 15:6)

예수님이 부활하지 못했다면 기독교는 성립할 수가 없었다. 예수님이 십자가에 돌아가셨을 때 제자들은 공포에 질려 문을 걸어 잠그고 숨도 크게 쉬지 못했다. 이렇게 나약했던 제자들이 문을 박차고 나가서 예수가 부활했다고 증거할 수가 있었을까? 예수가 부활하신 것을 보고 나서야 죽음이 두렵지 않았던 것이다. 초대교회 성도들은 입만 뻥긋했다 하면 모두 예수가 살아났다고 증거했고, 예수 부활을 증거하다가 순교당했다. 사람이란 '죽인다' 하면 이실직고하는 법인데, 어느 누가 예수 부활을 보지도 않고, 보았다고 거짓 증거하다 죽겠는가?

예수님의 부활은 움직일 수 없는 역사적 사건이다

예수님의 부활은 죽었던 육체가 그대로 다시 살아난 것이 아니다. 부활하신 예수님의 육체는 손과 발에 못자국이 있었고 옆구리에 창자국이 있었다. 그러나 부활하신 예수님은 제자들이 문을 닫고 있는데, 홀연히 나타나셨다가 사라졌다(요 20:19). 방금 예루살렘에 계시다가 한순간에 갈릴리에 나타나시기도 했다. 그리고 아무 기구도 타지 않으시고 하늘로 올라가셨다. 시간과 공간을 초월하는 신비로운 몸으로 사신 것이다. 부활은 인간의 신비다. 부활은 인간의 이성으로 이해될 수가 없다. 오직 믿음으로 받아들일 사건이다.

6) 하늘에 오르사, 전능하신 하나님 우편에 앉아 계시다가 (하늘에 오르시어 전능하신 아버지 하나님 우편에 앉아 계시다가)

예수님은 부활하신 다음 40일간 이 땅에 계시며 자신의 부활을 증거하시다가 하늘나라로 올라가셨다. 예수님의 승천 기록은 누가가 기록한 누가복음과 사도행전에 기록되어 있다.

"예수께서 그들을 데리고 베다니 앞까지 나가사 손을 들어 그들에게 축복하시더니 축복하실 때에 그들을 떠나 하늘로 올려지시니"(눅 24:50-51)라고 했고, 사도행전에는 좀 더 상세하게 기록되어 있다(행 1:9-11).

1961년 4월 12일 인류 최초의 유인 인공위성 보스토크 1호를 타고 1시간 48분 동안 지구를 선회하고 돌아온 소련 최초의 우주인 유리 가가린은 '내가 하늘에 올라가 보니 하나님이 보이지 않더라'라고 했다. 예수님이 올라가신 하늘은 가가린이 보고 온 우주공간 'sky'가 아니다. 하나님이 계시는 하늘나라(Heaven)를 말한다. 공간적인 개념이 아니라 차원적인 개념이다. 예수님은 원래 하늘나라에 계셨는데 그 하늘나라 보좌를 비워 두시고 낮고 낮은 인간 역사 속으로 오셨다가 다시 원래 계셨던 그곳으로 올라가신 것이다.

그 다음 전능하신 아버지 하나님 우편에 앉아 계신다. 하나님은 형상이 없으신데 어떻게 좌우가 있을 수 있느냐? 성경에 우편은 항상 능력과 권세와 영광을 나타낸다. 그러므로 예수님은 지금 하나님의 가장 큰 능력과 권세와 영광 가운데 좌정해 계신다. 그렇다면 주님이 거기 앉아 무엇하고 계신단 말인가? 인간 역사를 통치하고 계신다.

"어찌하여 이방 나라들이 분노하며 민족들이 헛된 일을 꾸미는가 세상의 군왕들이 나서며 관원들이 서로 꾀하여 여호와와 그의 기름 부음 받은 자를 대적하며 우리가 그들의 맨 것을 끊고 그의 결박을 벗어 버리자 하는도다 하늘에 계신 이가 웃으심이여 주께서 그들을 비웃으시리로다"(시편 2:1-4) 세상 군왕이 인간 역사를 지배하는 것이 아니고 하늘에 계신 주께서 지배하고 계시는 것을 밝히 증거하고 있다.

7) 저리로서 산 자와 죽은 자를 심판하러 오시리라 (거기로부터 살아 있는 자와 죽은 자를 심판하러 오십니다)

'저리로서'는 영어로 thence(거기서부터)인데, 어느 지방 사투리라는 말도 있다. 다수의 사람들이 뜻을 정확히 몰

랐는데, 새 번역에 거기로부터(하나님 우편에 앉아 계시는 그곳으로부터)라고 명료하게 했다.

예수님에 대한 마지막 신앙고백은 재림이다. 우리가 믿고 있는 확고한 신앙 가운데 하나가 바로 주님의 재림이다. 예수님은 인간을 구원하시기 위해 오실 때는 베들레헴 말구유로 초라하게 오셨다. 그러나 예수님이 세상을 심판하러 다시 오실 때는 심판장으로 위엄과 권위와 영광으로 오신다. '저리로서'라는 말은 예수님이 계시는 바로 그곳(하나님 우편)으로부터라는 뜻이다. 즉 하늘로부터 오신다는 것이다. 장소가 대단히 중요하다. "주께서 호령과 천사장의 소리와 하나님의 나팔소리로 친히 하늘로부터 강림하시리니"(살전 4:16)라고 했다. 이 땅의 거짓 메시야가 얼마나 많았는가. 그들은 모두 하늘이 아니라 여인의 몸에서 나왔다.

재림의 목적은 심판이다. 살아 있는 자와 죽은 자를 심판하신다고 하셨다. 먼저 하나님의 백성들을 구원하시고, 그 다음 세상 사람들을 심판하신다. 최후 심판의 좋은 예인 노아 홍수 심판 때도 먼저 노아의 가족 8명을 구원하시고 그 다음 세상을 물로 심판하셨다. 소돔과 고모라 성의 심판도 역시 같은 원리로 먼저 의인 롯의 가족을 구원하시고 그 다음 유황불로 소돔과 고모라 성을 심판하셨다.

세상 끝날에도 먼저 하나님의 백성을 구원하시고 그 다음 세상을 심판하신다. "주께서 친히 하늘로부터 강림하시리니 그리스도 안에서 죽은 자들이 먼저 일어나고 그 후에 우리 살아 남은 자들도 그들과 함께 구름 속으로 끌어 올려 공중에서 주를 영접하게 하시리니 그리하여 우리가 항상 주와 함께 있으리라"(살전 4:16-17)라고 했고, 그 다음에 "그 날에는 하늘이 큰 소리로 떠나가고 물질이 뜨거운 불에 풀어지고 땅과 그중에 있는 모든 일이 드러나리로다"(벧후 3:10)라고 했다.

사람은 심판이 없다면 편안히 죽음을 맞이할 수 있을 것이다. 그러나 무서운 심판이 있기 때문에 본능적으로 죽음을 무서워하고 두려워한다. 최후의 심판이 없다면 인간은 누구나 마음껏 즐기고 마음껏 죄 짓고 마음대로 살 것이다. 그러나 최후의 심판이 있기 때문에 우리는 예수를 믿어야 하고 하나님의 말씀대로 살아야 한다.

"한번 죽는 것은 사람에게 정해진 것이요 그 후에는 심판이 있으리니"(히 9:27)

8) 성령을 믿사오며 (나는 성령을 믿으며)

서두에 사도신경은 주로 삼위일체 하나님에 대한 고백이라고 했다. 성부 하나님에 대해서와 성자 예수 그리스도에 대해서는 우리가 믿는 내용을 설명하고 있는데, 성령에 대해서는 단순히 '성령을 믿는다'라고 할 뿐 그 다음에 믿는 내용에 관해서는 아무런 언급이 없다.

앞서 그리스도의 탄생에서 '성령으로 잉태하사'라고 언급이 되었기 때문인지, 그렇지 않으면 성령에 대해서는 언제든지 많은 오해가 있어 왔고, 또한 오해가 있을 수 있기에 한마디로 무엇을 믿는다고 짧게 언급할 수가 없어서 단순히 그 존재만 믿는다는 것으로 끝을 맺었는지 정확히 알 수 없다.

옛날에는 성령을 성신으로 호칭했는데, 여러 가지 오해의 소지가 있어서 성령으로 고쳤다. 성령은 단순히 신령한 영감이라든가 신비한 능력으로만 생각하는 경우가 없지 않아 있었다.

성령의 인격성

성령은 성부 하나님, 성자 하나님과 같이 지·정·의를

다 갖춘 완전한 인격체요, 완전한 하나님이시다. 우리 속에 들어오셔서 우리를 가르치시고, 생각나게 하시는 지적인 존재이시며(요 14:26), 우리를 위해 탄식하며 기도하시는 정적인 존재이시요(롬 8:26), 뜻을 결단하시는 의지적인 하나님이시다(행 16:7).

성령의 사역

삼위일체 하나님이 하시는 사역은 각각 다르다. 성부 하나님은 우리를 하나님의 자녀로 선택하시고, 성자 예수님은 우리를 구속하시며, 성령 하나님은 우리 각자에게 구속을 적용시켜 주신다. 우리로 하여금 주 예수를 믿어 구원을 얻게 하시고, 죄를 깨우쳐 회개하게 하시며, 하나님의 자녀답게 거룩한 생활을 해나가도록 인도해 주신다.

베드로는 성령이 충만할 때 한 번 외치자 3,000명, 5,000명이 회개했다. 스데반은 성령이 충만할 때 하늘문이 열리고 예수님이 하나님 우편에 서신 것을 보았다. 바울 사도는 성령의 능력으로 모든 것을 할 수 있다고 고백했다. 성도들에게 가장 소망스러운 것은 바로 성령 충만함이 아니겠는가! 우리들은 다 나약한 존재이고, 우리 힘으로는 아무것도 할 수 없다. 그러나 성령의 능력으로 놀라운 역사를 이룩할 수 있다. 우리가 기도할 때 성령 충만함을 받는다(눅 11:13). 따라서 우리는 큰 기대와 큰 소망을 갖고 설레는 마음으로 이 '성령을 믿사오며'라는 대목을 고백하고 동시에 큰 꿈을 간직할 수 있어야 한다.

9) 거룩한 공회와 성도가 서로 교통하는 것과 (거룩한 공교회와 성도의 교제와)

'공회'를 새 번역에는 '공교회'라 했고, '성도가 서로 교통하는 것'을 '성도의 교제'라고 했다. 의미는 차이가 없다.

먼저 거룩한 공회(공교회)에 대한 고백이다. 거룩한 공회를 믿는다는 것이다. 그러면 거룩한 공회(the Holy Universal Church)는 무엇인가? 헬라어 원문에 교회는 '에클레시아'라 하는데, '에크'와 '레시아'의 합성어이다. '에크'는 외부라는 뜻이며, '레시아'는 불러내다라는 뜻이다. 즉 밖으로 불러내다라는 뜻이다. 이스라엘 백성이 애굽에서 종살이를 할 때 하나님이 모세를 통해 모든 이스라엘 백성을 광야로 불러내셨다. 이렇게 불러낸 무리를 교회라 칭했다. 사도행전에는 '광야교회'(행 7:38)라 칭했다. 거기 건물은 없었지만 부름 받은 성도의 무리가 있었다.

지금도 죄악 세상에서 우리들을 불러내어 교회를 세웠다. 이 땅의 최초의 교회는 예루살렘 교회이고, 그 다음에 안디옥 교회가 세워졌다. 아득한 옛날부터 지금까지 동서양을 막론하고 모든 시대 모든 지역에 부름 받은 성도의 모임인 교회가 탄생했다. 전 세계 모든 교회를 통칭하여 공회라 부른다.

그러니까 이 공회라는 개념 속에는 한국에 있는 교회, 미국에 있는 교회, 전 세계에 흩어져 있는 모든 교회가 다 포함된다. 그리고 그걸 '거룩한 공회'라 칭했다. 여기 '거룩'이란 구별된다는 뜻이다. 세상 사람의 모임과 구별되어 엿새 동안 힘써 일하고 주일날은 일하지 아니하고 교회에 나가서 예배 드리며 성도들과 아름다운 교제를 나누는 무리들을 말한다.

거룩한 공회를 믿는다고 했는데, 무엇을 믿는다는 것인가? 먼저 교회는 그리스도가 세웠다는 것이다. 마태복음에 보면 베드로가 "주는 그리스도시요 살아 계신 하나님의 아들이시니이다"(마 16:16)라고 고백했을 때, 주님은 "너는 베드로라 내가 이 반석 위에 내 교회를 세우리니 음부의 권세가 이기지 못하리라"(마 16:18)라고 하셨다. 이렇게 베드로처럼 신앙을 고백하는 사람들로 하여금 교회가 되게 하셨다는 것이다. 교회의 주인은 목사도 장로도 아니고, 오직 예수 그리스도이시다.

다음으로 교회는 '그리스도의 몸'이라 했다(엡 1:23). 그리고 성도들은 그 몸에 붙은 지체이다. 지체마다 각각 다른 사명이 있다. 그 사명에 충성할 때 교회는 바로 그리스도를 나타낼 수 있다. 그리스도의 사랑을, 그리스도의 권세를 나타낸다. 이 사역을 믿는다고 고백한 것이다.

그리고 '성도가 서로 교통하는 것', 곧 성도의 교제를 믿는다고 했다.

여기 '교제'란 말은 헬라어로는 '코이노니아'인데, '교제', '참여', '나누어 주다'로 번역한다. 이 말 속에는 여러 가지 의미가 내포되어 있다.

서로 교제한다는 의미

성도들은 한 형제요, 한 지체이기 때문에 서로 교제해

야 한다. 말씀과 기도로 서로 교제할 때 우리의 신앙은 더욱 성숙한 단계로 올라갈 수가 있다.

동참한다는 의미 (고전 12:26)

서로 동고동락한다는 뜻이다. 한 지체이기 때문에 서로 동고동락하지 않을 수 없다.

좋은 일이 있을 때 함께 기뻐하고 어려움이 생길 때 함께 고통을 나눈다.

10) 죄를 사하여 주시는 것과 (죄를 용서받는 것과)

사도신경의 맨 끝부분 '죄를 용서받는 것과 몸의 부활과 영생을 믿습니다'이다. 속죄와 부활, 영생 이 세 가지는 교회에 주신 하나님의 은혜라고 한다. 은혜란 값 없이 주시는 하나님의 선물이다. 속죄와 부활, 영생은 하나님이 우리에게 값 없이 주신 놀라운 은혜이다. 이 세 가지 은혜는 모두 그리스도와 밀접한 관계가 있다. 예수 그리스도가 우리의 죄를 대속하시기 위해 십자가에 돌아가셨으므로 우리가 속죄의 은총을 받게 되는 것이다. 주님이 부활하셨으므로 우리도 또한 부활하게 된다. 그리고 주님이 승천하셨으므로 우리도 하늘나라로 올라가서 주와 더불어 영원히 살게 된다. 그러니까 교회에 주어진 하나님의 이 세 가지 은혜는 다 예수 그리스도로 말미암아 주어진 은혜, 주 안에서 주어진 은혜이다.

속죄(贖罪)

"의인은 없으니 한 사람도 없다"(롬 3:10) 인간은 누구나 아담의 원죄를 타고났기 때문에 죄 짓지 않고 살아갈 수가 없다.

죄의 값은 사망이라, 하나님은 공의로우신 분이기 때문에 죄 있는 사람을 모두 지옥으로 보낸다. 그래서 하나님은 멸망당할 인생을 불쌍히 여기사 독생자를 이 땅에 보내서 세상 죄를 다 짊어지시고 십자가에 돌아가게 하셨다. 예수님의 죽음은 하나님의 공의를 만족시킨 것이다. 그러니까 십자가는 하나님의 사랑과 공의가 만난 곳이다. 하나님은 그토록 놀라운 사랑을 베푸시고 예수님이 내 죄를 대속하시기 위해 십자가에 돌아가셨다. 이 사실을 믿으면 그 사람의 죄를 다 용서해 주신다.

예수 그리스도가 우리의 죄를 대속해 주셨으므로 아무

런 대가 없이 죄 사함을 받게 되는 것이다. 측량할 수 없는 사랑이요, 은총이다. 이 예수님을 거절하면 지옥을 열 번가도 할 말이 없을 것이다. 그리고 하나님의 용서는 인간의 용서와 차원이 다르다. 우리가 예수를 믿고 회개하면 하나님은 우리의 죄를 기억도 아니하시고(사 43:25) 온전히 덮어 버리시고(시 32:1) 진홍같이 붉을지라도 양털같이 희게 해주신다(사 1:18).

11) 몸의 부활(復活)
몸이 다시 사는 것 곧 부활을 믿는다

인류의 역사를 개괄해 보면 어느 시대, 어느 지역을 막론하고 하나같이 믿어 왔던 사실은 영혼은 멸하지 않는다는 것이다. 애굽인도, 로마인도, 헬라인도, 우리 동양인도 다 육체는 흙으로 돌아가지만 그 영혼은 영원히 산다고 믿어 왔다. 그러나 육체의 부활은 믿지 못했다. 사람이 죽으면 어떻게 다시 살아날 수 있을까? 4복음서는 예수님이 3일 만에 다시 살아나셨다는 사실만을 증거한다. 그리고 소위 부활장이라고 하는 고린도전서 15장에는 부활이 어떻게 가능하며, 부활이 왜 필요한가를 명쾌하게 증거하고 있다. 부활에 대한 일대 논문인 셈이다.

씨앗이 땅에 떨어져 죽으면 다시 새로운 생명체가 돋아난다. 새로 돋아나는 새 생명체는 씨앗과 전혀 다른 모습으로 다시 살아난다. 아무리 정밀한 현미경으로 씨앗을 분석해 보아도 씨앗에서는 파란 잎과 붉은 꽃과 짙은 향기를 찾아낼 수 없다. 그 모습이 전혀 다르다. 그것처럼 인간의 육체도 죽었다가 다시 부활할 때는 옛날 몸이 아니라 예수님처럼 시공간을 초월하는 영화로운 몸으로 부활한다. "죽은 자의 부활도 그와 같으니 썩을 것으로 심고 썩지 아니할 것으로 다시 살아나며 욕된 것으로 심고 영광스러운 것으로 다시 살아나며 약한 것으로 심고 강한 것으로 다시 살아나며 육의 몸으로 심고 신령한 몸으로 다시 살아나나니 육의 몸이 있은즉 또 영의 몸도 있느니라"(고전 15:42-44)

육의 몸은 이 땅에 살기에 적합한 몸이고, 영의 몸 곧 부활한 몸은 하늘나라에 가서 살기에 적합한 몸이다.

12) 영생(永生)

사도신경의 마지막 고백은 영화로운 몸으로 부활하여

영원히 사는 것을 믿는다고 했다. 사람은 누구나 다 영원히 살고 싶어 한다. 진시황이나 한무제만 영원히 사는 것을 원한 것이 아니라, 모든 인생이 한결같이 영생을 소망한다. 영생이 있기에 영생을 바라는 것이 아닌가. 이는 영생이 있다는 명백한 증거도 된다.

그러면 그 '영원'의 시간 길이는 얼마나 될까? 인간은 유한한 세계에 살기 때문에 무한히 긴 영원이라는 것이 어느 정도 되는지 상상할 수가 없다. 하나님은 우주만물을 창조하시기 전에 벌써 존재하고 계셨다. 하나님은 과거도 없으시고, 미래도 없으시고, 영원히 현재뿐이다. 그러니까 하나님이 천지창조 이전 상태가 바로 영원이다.

이렇게 설명하는데도 실감이 잘 나지 않는다. 우리는 영생이란 끝없이 사는 것이라고 믿는다. 그런데 죽지 않고 끝없이 산다고 다 영생이라고 말할 수 있을까? 우리 성도만 부활하는 것이 아니라 세상 사람도 모두 다시 살아난다. 사도신경에 '산 자와 죽은 자를 심판하러 오시리라'고 했는데, 죽은 자를 어떻게 심판하시는가? 이미 죽어서 그 육체는 흙으로 돌아가 버렸는데 말이다. 하지만 그 영혼이 육체를 입고 부활하여 하나님 앞에 심판을 받게 되는 것이다. 다시 말해 그렇게 사는 것은 영생이 아니고 영벌이다. "선한 일을 행한 자는 생명의 부활로 악한 일을 행한 자는 심판의 부활로 나오리라"(요 5:29)

끝을 맺으면서

사도신경에서 몸이 다시 사는 것과 영원히 사는 것을 믿는다고 끝을 맺는 것은 대단히 뜻 깊은 말이다. 부활과 영생 중 하나만 빠진다 해도 두 가지가 다 온전치 못하게 된다. 부활하지 못하고 현재 우리와 같은 몸인 늙고 병들고 조금만 무리해도 피곤한 몸을 갖고 영원히 산다는 것은 아무런 의미가 없다. 부활이 있기에 영생이 뜻이 있는 것이 되고, 또한 다시 살아났다 해도 나사로와 같이 다시 죽는다면 그 부활이 무슨 뜻이 있겠는가.

'부활'과 '영생' 이 두 가지가 겸비될 때 비로소 부활이 참된 부활이 될 수 있고, 영생이 참된 영생이 될 수 있다. "몸이 다시 사는 것과 영원히 사는 것을 믿습니다"라는 고백은 우리들의 궁극적인 삶의 소망이 되고, 목적이 될 수 있어야만 하겠다.

• 탐구문제

1 주일 예배 때마다 사도신경을 고백하는 이유는 무엇인가?

주일 예배뿐만 아니라 각종 예배 서두에 사도신경을 고백하는 경우가 많다. 그 까닭은 크게 두 가지로 나뉜다. 첫째는 우리가 바른 신앙고백을 할 때 하나님이 크게 기뻐하신다는 사실이다. 예수님이 가이사랴 빌립보 지방에 갔을 때 제자들에게 "사람들이 인자를 누구라 하느냐"고 질문하셨다.

제자들은 대답하기를 "더러는 세례 요한, 더러는 엘리야, 어떤 이는 예레미야나 선지자 중의 하나라 하나이다"라고 했다. 아마 이때 예수님은 좀 섭섭하셨을 것이다. 그 다음 예수님은 제자들에게 "너희는 나를 누구라 하느냐"라고 다시 물으셨다. 그러자 베드로가 대답하기를 "주는 그리스도시요 살아 계신 하나님의 아들이시니이다"(마 16:16)라고 했다. 최초의 신앙고백이었다.

이 고백을 들으신 주님은 "바요나 시몬아 네가 복이 있도다 이를 네게 알게 한 이는 혈육이 아니요 하늘에 계신 내 아버지시니라"(마 16:17)라고 하시며 크게 기뻐하셨다. 지금도 우리가 하나님에 대한 바른 신앙고백을 하면 하나님은 기뻐하신다.

둘째로 우리가 신앙고백을 하면 우리의 신앙이 더욱 확고해진다.

"사람이 마음으로 믿어 의에 이르고 입으로 시인하여 구원에 이르느니라"(롬 10:10)라고 하였다. 우리가 마음으로 그리스도를 믿으면 하나님은 우리를 의롭다 인정하신다. 그리고 우리가 마음으로 믿어질 때 자연적으로 입으로 고백하게 된다. 구원에는 이 두 가지가 겸전하는 법이다. 고백 없는 믿음은 죽은 것이다(마 10:33). 그래서 성경에는 입술로 고백할 것을 강조한다(마 10:32, 눅 12:8, 빌 2:11). 우리가 신앙을 고백할 때 우리의 믿음이 더욱 확고하게 되고 더욱 견고해진다.

2 예수님 한 사람이 속죄양이 되었는데, 어떻게 세상 만민의 죄를 대속할 수 있는가?

_____

_____

두 가지 원리로 설명이 가능하다. 첫째는 대표자의 원리이다. 아담이 인간의 대표인 것처럼 예수님도 인간의 대표이시다. 아담 한 사람이 하나님의 명령을 불순종하여 범죄하므로 모든 인간이 죄의 종이 된 것처럼, 예수 한 사람이 하나님의 뜻에 순종하여 십자가에 달렸으므로 세상 모든 사람이 의롭다 인정을 받게 되는 것이다.
"한 사람이 순종하지 아니함으로 많은 사람이 죄인 된 것같이 한 사람이 순종하심으로 많은 사람이 의인이 되리라"(롬 5:19)

둘째는 가치관의 원리이다. 예수님과 우리 인간의 가치는 하늘과 땅의 차이가 있다는 것이다. 예수님은 천지만물의 창조주이시요, 인간은 단순히 피조물에 불과하다. 비교조차도 불가능하다. 가까운 예로 황소 한 마리와 병아리 백 마리를 어떻게 비교할 수 있는가. 예수님의 고귀한 피는 천하 만민을 구속하시고도 남는다.

3 지구는 둥근데 최후의 심판은 시차적으로 이루어지는가?

_____

_____

한순간에 다 이루어진다. "번개가 동편에서 나서 서편까지 번쩍임 같이 인자의 임함도 그러하리라"(마 24:27)고 하였다. 그리고 구체적으로 언급하기를 "그때에 두 사람이 밭에 있으매 한 사람은 데려가고 한 사람은 버려둠을 당할 것이요 두 여자가 맷돌질을 하고 있으매 한 사람은 데려가고 한 사람은 버려둠을 당할 것이니라"(마 24:40-41)고 하였으며, 또 "그 밤에 둘이 한 자리에 누워 있으매 하나는 데려감을 얻고 하나는 버려둠을 당할 것이요"(눅 17:34)라고 하였다. 지구가 둥글기 때문에 최후의 심판이 임할 때 낮에 일하는 곳도 있고, 아침에 맷돌질하는 곳도 있고, 밤이 되어 잠자는 곳도 있다는 뜻이다.

4 예수님과 우리는 어떻게 형제가 되는가?

_____

_____

예수님은 하나님 아버지라고 하셨고 우리도 하나님을 아버지라 부른다. 예수님과 우리는 한 형제이다. 형제가 되려면 같은 어머니에게서 태어나야 한다. 근원이 같아야 한다. 예수님은 성령으로 잉태하셨고(마 1:20) 우리는 성령으로 거듭났다(요 3:5, 고전 12:3). 그러므로 예수님과 우리는 한 형제가 된다.

5 최후의 심판은 어느 정도로 철저할까?

_____

_____

최후의 심판은 어떤 사람도 피할 수 없게 된다. 최후의 심판을 묘사하기를 "그날 환난 후에 즉시 해가 어두워지며 달이 빛을 내지 아니하며 별들이 하늘에서 떨어지며 하늘의 권능들이 흔들리리라"(마 24:29)라고 했다. 천체가 흔들리고 붕괴되는 이변이 일어나는데 어느 누가 피할 수 있겠는가. 아무도 피할 수 없다.

최후의 심판의 좋은 그림자가 되는 노아 때 홍수 심판도 철저했다. 하나님은 노아 가족 8명을 홍수가 나기 전 일주일 앞서 방주 안에 들어가게 하시고(창 7:4) 하나님이 직접 방주의 문을 닫으셨다. 무슨 말이냐 하면 만일 홍수가 내릴 때 방주 안으로 들어가라고 하셨다면 힘센 장정들이 먼저 방주 안으로 들어갈 수도 있었을 것이다. 하지만 그렇게 하지 않으셨다. 하나님은 세상을 심판하시기 전에 하나님의 백성을 먼저 구원하시되 철저하고 안전하게 구원하신다. 뿐만 아니라 심판도 그렇게 하신다. 홍수가 내려 천하의 높은 산이 다 잠기고 물이 15규빗(약 7m 50cm)이나 더 올라갔다고 했다(창 7:20). 만일 물이 가장 높은 산봉우리 가까이 올랐다면 어떻게 되었을까? 수영을 잘하는 사람은 살아남을 수도 있었을 것이다. 물이 15규빗이나 더 올라갔다는 것은 어떤 사람도 살아남을 수가 없다는 뜻이다. 하나님은 구원도 철저하게 하시고 심판도 철저하게 하신다.

6 성도가 서로 교통하는 것을 믿는다고 했는데, 영적으로도 서로 교통하는가?

_____

_____

성도가 서로 교통한다는 고백 안에는 육적인 교통을 주로 말하지만 그렇다고 영적 교통을 부인하는 것이 아니다. 영적 교통도 얼마든지 가능하다. 우리는 의식적으로 느끼지는 못하지만 성령의 역사로 교통할 수 있다.

우리가 흔히 기도하다 보면 어떤 사람이 떠오를 때가 있다. 정확한 사정을 알지 못하지만 그 사람을 위해 기도하게 된다. 한국전쟁 때 있었던 실화이다.

"어떤 전투기 조종사가 적지를 공습하다가 지상포를 맞는 바람에 비행기가 추락하는 위급한 상황에 처했다. 이미 부상을 입은 조종사는 비상 탈출을 시도하기 위해 버튼을 누르려고 애를 썼지만 아무리 해도 손이 닿지 않았다. 그때 놀랍게도 큰 손이 나오더니 버튼을 눌러주어 생명을 구할 수가 있었다. 나중에 알고 보니 바로 그 시간에 집에 있던 부인이 뭔가 불안한 생각이 들어서 혹시 남편 신변에 위험이 생긴 건 아닌가 하고 간절히 기도했다는 것이다. 추락 시간과 기도시간이 정확히 일치했다."

남편과 아내가 서로 교통한 것이다. '성도가 서로 교통하는 것을 믿습니다'처럼 우리도 이 사실을 믿고 고백할 수 있어야 한다.

7 하나님은 우리의 죄를 어떻게 용서하시는가?

_____

_____

우리가 예수를 믿고 회개하면 하나님은 우리의 죄를 용서해 주시는데, 그 죄를 기억도 아니하시고(사 43:25) 온전히 덮어 버리시고

(시 32:1) 깊은 바다에 던지신다(미 7:19)고 하셨다. 인간이 용서하는 것과는 차원이 다르다. 인간은 용서가 아니라 유보하는 것이다. 한 번 용서했다가도 다음에 똑같은 잘못을 저지르면 옛날에도 그러더니 또 그런다고 하면서 책망한다. 하나님은 용서하시고 기억하지 않으신다. 우리는 이 사실을 명심해야 한다.

흔히들 부흥회 때마다 똑같은 죄를 반복해서 회개한다고 하지 않는가? 하나님은 한 번 회개하면 그 죄를 용서하되 기억까지 안 하시는데 왜 되풀이 회개를 하게 되는가? 그것은 자기 같으면 그렇게 큰 죄를 그렇게 쉽게 용서하지 않는다는 것이다. 자기가 자기 죄를 용서하지 못하는 것이다. 하나님을 자기처럼 생각하기 때문이다.

그래서 어떤 신학자는 인간이 죄를 회개하면 하나님은 깊은 바다에 던지시고 그 옆에 '낚시금지'라는 팻말을 세워 둔다고 했다. 얼마나 유익하고 코믹한 해석인가!

십계명

제일은, 너는 나 외에는 다른 신들을 네게 두지 말라.
제이는, 너를 위하여 새긴 우상을 만들지 말고,
  또 위로 하늘에 있는 것이나, 아래로 땅에 있는 것이나,
  땅 아래 물 속에 있는 것의 어떤 형상도 만들지 말며,
  그것들에게 절하지 말며, 그것들을 섬기지 말라.
제삼은, 너는 네 하나님 여호와의 이름을 망령되게 부르지 말라.
제사는, 안식일을 기억하여 거룩히 지키라.
제오는, 네 부모를 공경하라.
제육은, 살인하지 말라.
제칠은, 간음하지 말라.
제팔은, 도적질하지 말라.
제구는, 네 이웃에 대하여 거짓 증거하지 말라.
제십은, 네 이웃의 집을 탐내지 말라.

십계명

제일은, 너는 나 외에는 다른 신들을 네게 두지 말라.
제이는, 너를 위하여 새긴 우상을 만들지 말고,
　　　　또 위로 하늘에 있는 것이나, 아래로 땅에 있는
　　　　것이나, 땅 아래 물 속에 있는 것의 어떤 형상
　　　　도 만들지 말며, 그것들에게 절하지 말며, 그것
　　　　들을 섬기지 말라.
제삼은, 너는 네 하나님 여호와의 이름을 망령되게 부
　　　　르지 말라.
제사는, 안식일을 기억하여 거룩히 지키라.
제오는, 네 부모를 공경하라.
제육은, 살인하지 말라.
제칠은, 간음하지 말라.
제팔은, 도적질하지 말라.
제구는, 네 이웃에 대하여 거짓 증거하지 말라.
제십은, 네 이웃의 집을 탐내지 말라.

십계명의 개요

십계명은 하나님께 대한 이스라엘 백성의 의무를 집대성한 최고의 법전이다. 다른 율법은 생활의 한 일면에 대한 각론적(各論的)인 법이라고 하면, 십계명은 하나님에 대한 인간의 의무를 총괄적으로 언급한 소위 헌법과 같은 위치를 갖는다. 전달과정에서도 다른 율법과 다르다. 일반 율법은 하나님께서 모세에게 준 것을 모세가 다시 백성에게 전달하는 형식이었으나 십계명은 하나님께서 직접 두 개의 돌판 위에 새겨 주셨다(출 31:18).

십계명이야말로 모든 율법의 가장 중심 계명이 된다. 유대인은 율법을 크게 두 가지로 나누어서 적극적인 명령

(…하라)은 248조, 그리고 소극적인 명령(…하지 말라)은 365조로 총 613조의 명령이 있다고 했다. 이 모든 율법을 압축하면 십계명이 된다. 그리고 이 십계명을 또 압축하면 두 가지 원리가 나온다. 이를 십계명의 대강령이라고 말한다.

첫째는 우리의 마음과 성품과 뜻과 힘을 다하여 주 하나님을 사랑하고, 둘째는 이웃을 자기 몸같이 사랑하는 것이다(마 22:37-39). 여기 '마음과 성품과 뜻과 힘을 다하여'라는 말은 전심으로 전인격적으로 사랑하라는 뜻이다. 그리고 '이웃을 자기 몸처럼 사랑하는 것'은 인간의 번영과 발전의 참된 기초가 된다.

십계명의 서문

십계명은 출애굽기 20장과 신명기 5장에 나와 있는데, 다 같이 먼저 서론이 나온다. "나는 너를 애굽 땅 종 되었던 집에서 인도하여 낸 너의 하나님 여호와니라"(출 20:2, 신

5:6)라고 하셨다. 십계명을 주신 하나님과 이 계명을 받는 하나님의 백성과의 근본 관계를 규명해 주고 있다.

하나님은 애굽에서 종살이하는 이스라엘 백성을 구원하여 내시고 그 다음 십계명을 주셨다. 그렇기 때문에 이스라엘 백성들은 반드시 의무적으로 순종해야 되는 것을 먼저 밝히고 있다. 하나님은 죄의 종이 되었던 우리를 그리스도의 보혈로 구속하여 하나님의 백성이 되게 하셨으므로 우리 역시 그 명령에 절대 순종해야 한다.

십계명의 구분

십계명은 크게 둘로 나뉘어 있다. 제1계명에서 제4계명까지는 하나님에 대한 계명이고, 제5계명에서 제10계명까지는 인간에 대한 계명이다. 하나님은 십계명을 두 개의 돌판에 새겨 주셨다. 각각의 돌판에 어떤 계명을 새겨 주셨는지는 알 수 없다. 그러나 많은 주경학자들은 제1계명에서 제4계명까지를 첫째 돌판에 기록하고, 제5계명에서 제10계명까지를 둘째 돌판에 기록했다고 보고 있다.

십계명 해설

1) 제1계명 : 너는 나 외에는 다른 신들을 네게 두지 말라.

제1계명은 나 외에는 다른 신을 위하지 말라고 하신 것이다. 많은 신 가운데 여호와 하나님만을 섬기라는 말이 아니라 신은 여호와 하나님 한 분뿐이시기에 다른 신을 위하지 말라고 하신 것이다. 하나님은 유일한 참 신이시고 우리의 하나님이 되심을 알고 그에게만 경배하며 영화롭게 하는 유일신관을 가지라는 것이다.

특별히 '다른 신들을 네게 두지 말라'고 했다. 당시 근동 지방에는 다신론이나 우상 숭배의 풍조가 심했다. 우상 숭배의 특성은 많은 귀신을 섬기는 일이다. 에덴 사람들은 심지어 '알지 못하는 신상'도 섬겼고(행 17:23), 일본 사람들은 800만이나 되는 많은 귀신을 섬기고 있다.

제1계명은 십계명의 서론격이다. 유대인의 글 쓰는 방

법에서 맨 앞에 나오는 것은 전체의 기본정신을 밝히는 서론격이고, 맨 마지막은 전체에 대한 결론격이다. 예컨대 시편에도 1편은 시편 전체에 흐르고 있는 두 길, 곧 의인의 길과 악인의 길을 뚜렷이 대조해 주는 서론격이고, 시편 마지막 150편은 찬양의 시로 시편 전체를 다 말하고 끝으로 하나님 앞에 찬양을 부르고 있는 결론적 역할을 하고 있다.

이와 같이 제1계명은 십계명의 기본정신을 밝히는 서론에 해당하므로, 제1계명을 모른다면 나머지 계명을 바르게 이해할 수가 없으며, 동시에 나머지 계명을 다 잘 지킨다 해도 제1계명을 지키지 못하면 아무런 의미가 없다. 그만큼 제1계명은 중요한 기본적인 계명이다.

2) 제2계명 : 너를 위하여 새긴 우상을 만들지 말고,

또 위로 하늘에 있는 것이나, 아래로 땅에 있는 것이나, 땅 아래 물 속에 있는 것의 어떤 형상도 만들지 말며, 그것들에게 절하지 말며, 그것들을 섬기지 말라. 나 네 하나님 여호와는 질투하는 하나님인즉 나를 미워하는 자의 죄를 갚되, 아버지로부터 아들에게로 삼사 대까지 이르게

하거니와, 나를 사랑하고 내 계명을 지키는 자에게는 천 대까지 은혜를 베푸느니라(출 20:4-6).

제1계명이 나 외의 다른 신을 섬기지 말라는 하나님의 위(位)에 대한 계명이라면, 제2계명은 하나님의 형상에 대한 계명이라고 할 수 있다. 제1계명에서 하나님의 위는 절대적으로 한 분뿐이시고 유일무이한 하나님이신 것을 먼저 인식시키고, 제2계명은 그 유일하신 하나님을 섬기는 방법을 가르치는 계명이다. 즉 하나님을 경배하되 어떤 모양을 만들어 경배하는 것을 금하고 있다. 하나님은 영이시기 때문에 우리의 육안으로 볼 수 있는 어떤 형체를 가지신 분이 아니시다. 그래서 모세도 "여호와께서 호렙산 화염 중에서 너희에게 말씀하시던 날에 너희가 어떤 형상도 보지 못하였은즉 너희는 깊이 삼가라"(신 4:15)고 엄히 명령했다.

그러므로 하나님을 위해서 어떤 형상이라도 만들어서도 아니 되며 하나님을 경배하되 하나님이 말씀하신 대로 공경해야 된다는 것이 바로 제2계명의 골자이다.

하나님은 하나님이 명령하신 모든 말씀을 온전히 좇아 하나님을 공경할 것을 요구하신다. 정통(正統)과 이단(異端)의 차이는 정통은 하나님의 모든 율법을 온전히 지키지만, 이단은 그중 일부에 대해서는 온전히 따르지 못하는 데에 있다. 정통(Orthodox)은 Ortho(전부)와 dox(의견)의 합성어로, 즉 모든 말씀에 전적으로 의견을 같이한다는 뜻이요, 이단(Heterodox) 중에 Hetero는 달리한다는 뜻으로, 일부에 대해서는 의견을 달리한다는 뜻이다. 하나님을 공경하되 하나님이 명하시는 대로 온전히 따라야 한다.

제2계명에는 첨가된 내용이 있다. "그것들에게 절하지 말며 그것들을 섬기지 말라. 나 네 하나님 여호와는 질투하는 하나님인즉 나를 미워하는 자의 죄를 갚되, 아버지로부터 아들에게로 삼사 대까지 이르게 하거니와, 나를 사랑하고 내 계명을 지키는 자에게는 천 대까지 은혜를 베푸느니라"(출 20:5-6)이다. 이 말씀을 첨가시킨 이유는 사람이 제2계명을 특별히 잘 지키도록 하는 데 목적이 있으며, 동시에 여기서의 복과 저주는 어디까지나 육적·세상적 복과 저주를 말하는 것이지 영적인 것을 말하는 것은 아니다. "비록 노아, 다니엘, 욥, 이 세 사람이 거기에 있을 지라도 그들은 자기의 공의로 자기의 생명만 건지리라 나 주 여호와의 말이니라"(겔 14:14)라고 말씀하셨다.

3) 제3계명 : 너는 네 하나님 여호와의 이름을 망령되게 부르지 말라.

제3계명은 하나님의 이름에 대한 계명이다. 이름이란 그 실체를 의미하므로 하나님의 이름이란 바로 하나님 자신을 가리키게 된다. 하나님은 거룩하신 분이므로 그 신분에 합당하게 불러야 하므로 부당하게 부르는 것을 금하고 있다.

여기 '망령되게'라는 말은 '함부로', '헛되게', '소홀하게', '생각 없이'라는 뜻이다. 우리나라 사람들은 아버지의 이름을 바로 부르지 않는다. 예컨대 춘식(春植)이라고 하면 봄 춘(春)자와 심을 식(植)자라고 대답한다. 자기 부모뿐만 아니라 존경하는 분의 성함을 말할 때에도 역시 동일했다. 그 이유는 부모는 존귀한 분이기 때문에 함부로 그 이름을 부를 수가 없어서 함자를 대신 말했던 것이다.

구약시대 유대인은 성경을 필사할 때 여호와라는 말이

나오면, 목욕하고 기도한 뒤 그 말을 썼으며, 읽지는 아니했다. 여호와는 너무나 거룩한 분이기 때문에 그 이름을 함부로 부를 수가 없어서 아도니아(주)라는 말로 대신 읽고, 다만 대제사장이 1년에 한 번 대속죄일에 지성소에 들어가서 여호와라고 부를 수 있을 뿐이었다(레 16:29-34). 여호와(YHWH)라는 말은 신성문자라고 해서 읽지 않고 넘어갔기 때문에 지금 여호와라고 읽어야 하는지 야훼라고 읽어야 하는지 정확히 모를 정도이다.

4) 제4계명 : 안식일을 기억하여 거룩하게 지키라.

"엿새 동안은 힘써 네 모든 일을 행할 것이나, 일곱째 날은 네 하나님 여호와의 안식일인즉, 너나 네 아들이나 네 딸이나, 네 남종이나 네 여종이나, 네 가축이나, 네 문 안에 머무는 객이라도 아무 일도 하지 말라. 이는 엿새 동안에 나 여호와가 하늘과 땅과 바다와, 그 가운데 모든 것을 만들고 일곱째 날에 쉬었음이라. 그러므로 나 여호와가 안식일을 복되게 하여, 그날을 거룩하게 하였느니라"(출 20:9-11). 제4계명은 하나님의 날에 대한 계명이다.

제4계명은 위의 말로 끝나지 아니하고 뒤이어 구체적

으로 자세한 설명을 하고 있다. 십계명 가운데 가장 긴 설명이다. 안식일을 거룩하게 지키라는 제4계명의 내용이 다른 계명보다 많은 것은 제4계명이 그만큼 중요하다는 뜻이다. 기독교 성도들의 생활 가운데 여러 가지 특색이 많이 있지만, 그 가운데 가장 중요한 특색은 바로 주일에 교회에 가서 예배를 드리고 하루를 쉬는 데 있다. 안식일을 지킨다는 것은 구약시대로부터 지금까지 성도들의 의무임과 동시에 신앙생활의 가장 뚜렷한 표시가 된다.

안식일을 지키는 이유

안식일을 지키라고 명령하시고 그 다음 지켜야 되는 이유를 밝히기를 '엿새 동안에 나 여호와가 하늘과 땅과 바다와, 그 가운데 모든 것을 만들고 일곱째 날에 쉬었음이라. 그러므로 나 여호와가 안식일을 복되게 하여, 그날을 거룩하게 하였느니라'고 설명했다. 그러므로 안식일을 지키는 것은 하나님이 엿새 동안 창조하시고 그 다음 날 쉬신 것을 모범으로 해서 우리 인간도 하나님의 창조 원리대로 살기 위해서이다. 다시 말하면 하나님의 거룩한 창조 원리에 참여하고 동시에 하나님이 안식일을 거룩한 날로 삼고 복을 주셨으니 안식일은 바로 하나님께 복 받기 위해 지키는 것이다.

하나님은 엿새 동안 창조하시면서 매일매일 '보시기에 좋았더라'고 하셨고(둘째 날은 제외), 마지막으로 인간을 창조하시고 '심히 좋았더라'고 하셨다. 일곱째 날에 창조를 완성하신 후 창조물을 보시고 크게 기뻐하시면서 창조물을 축복하셨다. 이와 같이 일곱째 날은 다른 날과 구별된 거룩한 날이었다. 그러므로 성도들도 엿새 동안 일하고 하루를 쉬면서 하나님께 예배하고 일한 것을 다시 돌아보며 복을 받아야 한다.

안식일이 주일로 바뀐 이유

구약시대는 금요일 해질 때부터 토요일 해질 때까지를 안식일로 지켰다. 그러나 신약시대에 와서는 안식일을 토요일 자정부터 다음 날 자정까지로 지키게 되었다. 날짜 계산하는 방법을 떠나서라도 날짜에 하루 차이가 생긴 것은 주님이 금요일에 십자가에 돌아가시고 주일날 부활하셨기 때문에 주님이 사망 권세를 깨뜨리고 부활하신 날을 주님의 날(주일)로 특별히 정한 것이다.

단순히 안식일이 토요일에서 주일로 바뀐 것뿐만 아니라 구약에서 그리스도를 중심해서 상징적인 의미를 갖던 것이 모두 실체로 바뀌게 되었다. 십자가는 역사의 중심이요, 역사의 초점이 된다. 십자가 이전에는 하나님의 백성의 표로 할례를 받았는데, 십자가 이후에는 세례로 바뀌게 되었고, 단순히 명칭만 바뀐 것이 아니라 내용도 변한 것이다. 구약시대에는 남자만 받았던 할례가 십자가 사건 이후에는 남녀 구별 없이 모든 성도가 다 세례를 받게 되었다. 예수 이전에는 죄를 사함 받기 위해 성전에서 제사를 드렸으나 예수 이후에는 예수의 희생물로 단번에 드린 제사로 모든 인류의 죄가 다 사함 받게 되었으므로 다시 제사 드릴 필요가 없게 되자 우리의 몸으로 산 제사를 드리는 교회의 예배로 바뀐 것이다. 뿐만 아니라 성전 제사는 유대인만 드렸지만, 교회 예배는 유대인이나 이방인 구별 없이 세상 만민이 드리는 것이다.

안식일이 주일로 바뀐 과정

초대교회에서 안식일이 주일로 바뀐 것은 아주 자연스럽게 진행되었다. 처음에는 안식일도 지키고 주일도 지킨 것 같다. 그러나 점차 시간이 지날수록 주님이 부활하여 하나님으로부터 하늘과 땅의 모든 권세를 받게 된 주의 날을 더욱 성대히 더 큰 날로 기념하게 되었고, 따라서 안식일은 자연히 사라지게 되었다.

사도행전 20장 7절에는 "안식 후 첫날에 우리가 떡을 떼려 하여 모였더니 바울이 이튿날 떠나고자 하여 그들에게 강론할새 말을 밤중까지 계속하매"라고 기록되어 있다. 여기서 초대 예루살렘 교회에서는 안식 후 첫날, 곧 주일 날 모여 성찬예식을 거행했음을 알 수 있다. 또한 요한복음 20장 26절에도 '여드레'를 지나서 제자들이 다시 집 안에 있을 때 부활하신 예수님이 나타나셨다고 했다. 여기 '여드레'라는 것도 그 다음 안식 후 첫날 주일인 것이다. 예루살렘 교회뿐만 아니라 멀리 고린도 교회에서도 주일을 지킨 것을 읽을 수 있다. "매주 첫날에 너희 각 사람이 이를 얻은 대로 저축하여 두어서 내가 갈 때에 연보를 하지 않게 하라"(고전 16:2)고 했다.

주일(안식일)에 해야 되는 일과 해서는 안 되는 일

안식일을 거룩하게 하는 것은 그날 종일 거룩하게 쉬는

것을 말한다. 안식일은 쉬는 것이 원칙이고, 그날은 하나님께 예배드리고 육신의 일은 하지 말아야 한다. 다만 부득이한 일, 예컨대 생명이 위급한 수술은 주일이라도 행해야 된다. 그리고 병든 사람을 심방하고 노약자를 돌보는 일은 제한받지 않는다. 다만 육신의 일을 도모하는 것과 세상 오락은 금해야 한다.

5) 제5계명 : 네 부모를 공경하라.

제5계명은 부모 공경에 대한 계명이다. 십계명은 크게 하나님에 대한 계명과 인간에 대한 계명으로 나뉘어 있는데, 인류에 대한 계명 가운데 첫 번째 계명이 바로 제5계명이다. 이 계명은 단순히 자기 부모만 공경하는 것이 아니고 윗사람을 공경하라는 것이다. 한 가정에 국한된 계명이 아니라 사회 전반에 대한 인륜을 가르치고 있다.

웨스트민스터 대요리 문답 124문에 보면 "제5계명에 있는 부모는 육신의 부모뿐 아니라 연령과 은사에 있어서 모든 윗사람과 특히 하나님의 규례에 의해 가정과 교회와 국가를 막론하고 우리 위의 권위의 자리에 있는 자들을 뜻합니다"라고 되어 있다. 즉 부모와 교사와 국가와 직장의 지도자에게도 공경할 것을 명하고 있다. 동양의 윤리 사상에도 군사부일체(君師父一體)라는 말이 있다. 나라의 임금과 스승과 부모를 같이 존경할 것을 명한 것이다.

뿐만 아니라 제5계명은 위에 있는 사람이나 아래에 있는 사람을 막론하고 모두 인격적으로 존경할 것을 아울러 명하고 있다. 사람에 대한 존경은 도덕의 근본이다.

제5계명에는 이 계명을 지키면 '네 하나님 여호와가 네게 준 땅에서 네 생명이 길리라'라는 약속이 첨가되어 있다. 에베소서에서 구체적으로 설명하기를 "네 아버지와 어머니를 공경하라 이것이 약속 있는 첫 계명이니 이는 네가 잘 되고 땅에서 장수하리라"(엡 6:2-3)라고 했다. 그 약속은 하는 일이 형통하고 땅에서 장수하게 해주신다는 것이다. 칼빈은 제5계명에 특별히 약속이 첨가된 것은 그 약속을 보고 매료되어 잘 지키도록 권장하는 방책으로 주어졌다고 했다. 맛을 내는 조미료 역할을 한다는 것이다. 부모 공경에 대한 하나님의 열의를 읽을 수 있다.

6) 제6계명 : 살인하지 말라.

제5계명이 도덕의 근본이 되는 사람에 대한 존경심을 말한다면 제6계명은 그와 정반대되는 극단적 경우인 살인을 금한다. 제6계명에서 마지막 제10계명까지는 모두 부정적인 계명인데, 이러한 부정적인 계명 가운데 그 첫 번째가 '살인하지 말라'는 계명이다.

사람은 하나님의 형상대로 창조된 거룩한 존재이므로 살인을 해서는 안 되며, 더욱이 생명은 하나님께서 주셨기 때문에 하나님께서 주신 생명을 사람이 감히 어떻게 할 수가 없는 법이다. 구약성경에는 살인자를 사형에 처하도록 하였다. "다른 사람의 피를 흘리면 그 사람의 피도 흘릴 것이니 이는 하나님이 자기 형상대로 사람을 지으셨음이니라"(창 9:6) 다만 고의성이 없는 살인자는 도피성을 마련하여 그의 생명을 보호받도록 하였다(수 20:6-9).

생명은 하나님이 주신 존엄한 것이기 때문에 질병으로 생명이 위협을 받을 때 할 수 있는 방법을 총동원하여 생명을 보존하도록 노력하는 것이 마땅하다. 어떤 이단 교파에서 수혈도 금하고 수술도 할 수 없다고 주장하는 것은 비성경적인 것임은 말할 필요도 없다. 현대 윤리적인 측면에서 다소 논란이 되고 있는 장기 이식은 비성경적이라 할 수는 없다. 여하튼 모든 방법을 다해 존엄한 인간의 생명을 보존할 수 있는 데까지 보존해야 하기 때문이다.

따라서 자기의 생명을 스스로 끊는 자살은 하나님 앞에 큰 죄가 된다. 신약시대 예수님은 사람을 죽인 자만 살인자라 말하지 아니하고 형제를 노엽게 하고 욕하고 미련한 놈이라고 말하는 자도 살인자로 규정했다(마 5:21-22).

실제로 사람을 죽이는 말이 얼마나 많은가. 자존심을 상하게 하는 것도 사람을 죽이는 것이다. 편견과 억울한 말, 부실공사(성수대교 사건), 불량식품, 과다한 농약 살포 등은 모두 살인 행위이다. "너희가 손을 펼 때에 내가 내 눈을 너희에게서 가리고 너희가 많이 기도할지라도 내가 듣지 아니하리니 이는 너희의 손에 피가 가득함이라"(사1:15) 여기 피는 칼로 사람을 죽인 피가 아니라 부지불식간에 남을 해친 살인 행위를 말한다.

7) 제7계명 : 간음하지 말라.

제7계명은 정조에 대한 계명이다. 인간 생활의 가장 기본이 되는 것이 바로 가정이다. 학교 교육과 사회 교육이 아무리 중요하다고 해도 가정 교육에 비할 수 없으며, 가정이 건전하지 못할 때 여러 가지 사회적 비행이 발생하게 되므로 가정이야말로 국가의 가장 중요한 기초가 된다. 튼튼한 국가는 건전한 가정 위에서만 존재할 수 있다. 이렇게 중요한 가정의 생명이 되는 것이 바로 정조이다. 따라서 제7계명이야말로 한 가정뿐만 아니라 사회와 국가적으로 대단히 중요한 계명이라고 할 수 있다.

구약시대에는 결과적으로 나타난 행위를 중요시했으나 예수님은 여자를 보고 음욕을 품는 자도 이미 간음한 자라고 말씀하시면서 그 마음도 중시하셨다(마 5:28). 성도의 높은 도덕적 경지를 제시하고 있는 것이다. 기독교는 마음의 종교라고 할 수 있다. 기독교의 대헌장이라고 부르는 산상수훈에도 마음이 가난하고 마음이 애통하고 마음이 온유한 자가 복이 있음을 말하고 있는데, 이것은 모두 마음을 다스리는 것을 말하고 있다. 마음뿐만 아니라 우리의 언행도 거룩해야 한다. "무릇 더러운 말은 너희 입 밖에도 내지 말고 오직 덕을 세우는 데 소용되는 대로 선한 말을 하여 듣는 자들에게 은혜를 끼치게 하라"(엡 4:29)라고 했다. 음담패설(淫談悖說)이나 요즘 사회적으로 크게 문제가 되고 있는 성희롱 같은 저속한 언행은 말할 필요도 없다.

8) 제8계명 : 도둑질하지 말라.

제8계명은 재산에 대한 계명이다. 인간 사회에서 가장 많은 시비와 법정 투쟁을 벌이는 것이 바로 재산 문제라고 할 수 있다. 그러므로 재산(물질)에 대한 계명이 대단히 중요하며, 동시에 재산에 대한 바른 태도는 신앙의 기본이 될 수 있다.

기독교는 사유재산 제도를 인정한다(창 1:29, 행17:26, 엡 4:28). '도둑질하지 말라'는 말 자체가 사유재산을 전제로 한 말이 된다. 성경은 부를 축적하는 것을 결코 정죄하지 않는다. 믿음의 조상 아브라함도 이삭도 야곱도 모두 거부였고 동방의 의인 욥도 대단한 부자였다. 다만 정당하게 재산을 얻고 그 다음 그 재산의 증식도 정당한 방법으로 할 것을 명하고 있다. 따라서 부당한 방법으로 물질을 얻고 증진시키는 모든 행위를 금하고 있다.

제8계명이 명하는 것은 단순히 남의 물건을 훔치는 것만 말하는 것이 아니다. 사기, 속이는 저울과 치수재기, 땅의 경계표를 마음대로 옮기는 것, 착취, 고리대금, 뇌물 징수, 물건 남용, 매점매석, 부당한 값을 부르는 일 등 일체 부당 행위를 말한다. 성경에는 특별히 도량형의 부정을 경고하고 있다. "속이는 말로 재물을 모으는 것은 죽음을 구하는 것이다"(잠 21:6)라고 했다. 경영주가 노동자의 노동 대가보다 적은 임금을 주거나 노동자가 임금보다 일을 적게 할 경우도 모두 도둑질이라 말할 수 있다. 심지어 마땅히 하나님께 바쳐야 할 십일조를 바치지 않는 것은 하나님의 것을 도둑질하는 것이라(말 3:8)고 했다.

9) 제9계명 : 네 이웃에 대하여 거짓 증거하지 말라.

제9계명은 '네 이웃에 대하여 거짓 증거하지 말라'이다. 한마디로 이웃의 명예를 존중할 것을 명령하고 있다. 제6계명은 이웃의 생명, 제7계명은 이웃의 정조, 제8계명은 이웃의 재산, 제9계명은 이웃의 명예에 대한 교훈이다.

특별히 제9계명은 재판장에서 하는 증언에 관련된 말이다. 지금 우리나라는 아무리 범죄 사실을 목격한 자가 있다 해도 목격자의 증언만으로는 죄가 성립되지 않는다. 범인이라는 결정적인 물증이 있어야만 단죄할 수 있다. 하지만 구약시대 이스라엘 백성들은 사람의 증언을 재판 과정에서 무엇보다 중요시했다. 인간의 증언의 약속이 히브리 사회의 기초가 되었던 것이다. 그와 같은 사회 배경에서 증인이 얼마나 중요한가를 잘 알 수 있다. 증언에 따라서 사람을 죽일 수도 있고, 죽을 수밖에 없는 사람을 살려낼 수도 있었다.

그래서 여호와의 장막에 유할 자는 "뇌물을 받고 무죄한 자를 해치 아니하는 자니"(시 15:5)라고 했다. 웨스트민스트 대요리문답 145문에도 제9계명이 금하는 죄목을 열거하고 있는데, 그 가운데 공적 재판을 해치는 모든 행위, 거짓 증거, 악한 소송 변호, 정당한 소송에 부당한 침묵, 거짓말, 중상, 험담, 훼방, 고자질, 냉소, 과대 혹은 과소 평가, 거짓 소문, 악한 의심 등이 있다.

제9계명은 성도의 언어 생활에 대한 계명으로 한마디

로 거짓말을 하지 말라는 것이다. 그러므로 제9계명은 사회 생활에 대단히 중요한 계명이라 할 수 있다.

10) 제10계명 : 네 이웃의 집을 탐내지 말라

제10계명은 '네 이웃의 집을 탐내지 말라'이다. 곧 탐욕에 대한 교훈이다. 제1계명에서 제9계명까지는 모두 외적인 행동에 관련되어 있지만, 마지막 제10계명만은 내적인 탐심에 대한 계명이다. 모든 죄가 탐심으로 말미암는다고 했다(약 1:14-15). 따라서 탐심을 제거한다는 것은 가장 어려운 일이다. 그러니까 마지막 열 번째 계명은 십계명 전체의 결론이라고 말할 수 있다.

십계명은 이스라엘 백성이 애굽에서 나와 시내산에서 마지막 가나안 땅에 들어가기 직전에 광야에서 태어난 신세대를 위해 모세가 다시 한 번 더 언급했다. 출애굽기에 나와 있는 제10계명은 단순히 "네 이웃의 집을 탐내지 말라"(출 20:17)고 했는데, 두 번째로 교훈한 신명기에는 내용이 확대되어 있다. "네 이웃의 아내를 탐내지 말지니라 네 이웃의 집이나 그의 밭이나 그의 남종이나 그의 여종이나 그의 소나 그의 나귀나 네 이웃의 모든 소유를 탐내지 말지니라"(신 5:21)라고 했다.

신명기에 내용이 많이 첨가된 까닭은 광야생활 때에는 유목생활을 하였으므로 농토도 없었고 소유가 별로 없었지만 장차 가나안에 들어가면 농업을 위주로 정착 생활을 하게 되어 소유가 크게 늘어나게 될 것이므로 구체적으로 이웃의 것을 탐내서는 안 된다는 것을 열거했다. 제10계명의 근본정신은 아무런 변화가 없지만 상황에 따라 그 내용이 크게 첨가된 것이다. 따라서 오늘날에는 그 내용이 더 많아질 것은 말할 나위도 없다. 우리가 이웃의 것을 탐내지 않으려면 먼저 자신이 갖고 있는 것에 만족할 수 있어야 한다. 우리가 스스로 자족할 때 이웃의 소유에 대한 탐욕을 제어할 수 있고 더 나아가서 이웃이 갖고 있는 소유가 잘 되기를 바랄 수도 있다.

끝을 맺으면서

나라마다 최고의 법전인 헌법이 있다. 십계명은 모든 나라 헌법 중의 헌법이라 할 수 있다. 십계명이야말로 동서고금을 막론하고 인류 사회에 도덕과 질서의 근본이념으로 영원불변의 진리이다. 특별히 강조할 점은 열 번째

계명에서 언급이 되었지만 십계명은 문자적으로만 해석해서는 안 되고, 그 계명이 담고 있는 근본정신, 곧 본질적인 내용을 중시해야 한다.

• 탐구문제

1 참된 신은 하나님 한 분뿐이시다. 하나님이 한 분뿐이신 것을 어떻게 알 수 있는가?

_____

_____

광활한 우주 만물을 볼 때 그 우주를 지배하는 원리는 두 가지가 아니라 하나인 것을 알 수 있다. 만유인력의 법칙은 지구에서만 적용되는 것이 아니라 모든 천체에 다 통용된다. 이를 볼 때 우주만물을 만드신 분은 한 분이시요, 지배하시는 분도 한 분이신 것을 잘 알 수 있다. 우리나라 말로 우주(宇宙), 영어로 유니버스(Universe), 헬라어의 코스모스(κοσμος) 등은 모두 하나로 통일되어 있다는 뜻이다.

2 히스기야 왕은 왜 놋뱀을 부숴버렸을까?(왕하 18:4)

_____

_____

이스라엘 백성들이 광야로 행진하던 중 불뱀에 물려 많은 사람들이 죽을 때 모세는 놋으로 뱀을 만들어 장대 위에 달고 쳐다보는 자는 다 살리라고 했다(민 21:4-9). 놋뱀은 우리의 죄를 사해 주시기 위해 십자가에 달린 예수의 모형이다.

모세의 말을 믿고 쳐다본 자는 다 살아났다. 그런데 훗날 백성들이 이 놋뱀을 우상시하여 분향했다. 그래서 히스기야 왕은 비록 놋뱀이 이스라엘 백성들의 국보급 유물이었지만 부숴버리고 놋 조각이라고 하였다(왕하 18:4). 지금도 우리 주변에 이런 우상들을 얼마든지 찾아볼 수 있다. 심지어 십자가도 경우에 따라서는 우상이 된다.

3 안식일을 위하여 그 전날 음식을 어떻게 준비하라고 하셨나?

_____

_____

이스라엘 백성들이 광야에서 매일매일 내리는 만나를 먹고 살아갈 때 안식일 전날은 만나를 두 배로 거두어(안식일은 만나가 내리지 않으므로) 식성에 맞게 "구울 것은 굽고 삶을 것은 삶고 그 나머지는 다 너희를 위하여 아침까지 간수하라"(출 16:23)고 하셨다. 안식일 전날 안식일 먹을 음식을 미리 준비해 두라고 한 것이다. 안식일은 할 수 있는 한 일을 적게 하고 오직 하나님께 예배드리는 데 전념하라는 뜻이다.

기독교 국가에서 주일 전 토요일은 오전만 근무하도록 한 것은 모두 주일 준비를 위해 그렇게 시간을 배려한 것이다. 그러므로 학생들도 과제물은 토요일에 다 마치고 주일은 가벼운 마음으로 교회에 나갈 수 있어야 한다.

4 제5계명을 하나님에 대한 계명이라고 말하는 학자도 있는데, 그 이유는?

_____

_____

"네 부모를 공경하라"는 제5계명을 위로 올려서 하나님에 대한 계명으로 간주하는 학자들도 있다. 그 해석은 이러하다. 제1계명은 하나님의 위, 제2계명은 하나님의 형상, 제3계명은 하나님의 이름, 제4계명은 하나님의 날, 제5계명은 하나님의 대리자에 대한 계명이라고 한다. 부모는 바로 하나님의 대리자로, 부모의 사랑은 바로 하나님의 사랑이라는 것이다.

인성은 많이 악하지만 자식에 대한 부모의 사랑만은 너무나 거룩하고 너무나 숭고하고 너무나 아름다운 것이다. 하나님이 부모에게 자신의 사랑을 부어주신 것이다. 인간만이 아니라 동물의 세계에서도 동일하다. 어미의 새끼 사랑은 결코 인간보다 못하지 않다. 오히려 더 진하다. 어떤 동물은 새끼를 위해 생명까지 희생하기도 한다.

어떻게 무지한 동물이 그토록 숭고한 사랑을 베풀 수 있는가. 그것을 바로 하나님의 사랑이라고 설명한다.

5 탐내지 않으려면 자족할 수 있어야 한다. 바울 사도는 자족(自足)을 어떻게 터득했다고 하였나?

_____

_____

바울 사도는 고백하기를 "내가 궁핍하므로 말하는 것이 아니니라 어떠한 형편에든지 나는 자족하기를 배웠노니 나는 비천에 처할 줄도 알고 풍부에 처할 줄도 알아 모든 일 곧 배부름과 배고픔과 풍부와 궁핍에도 처할 줄 아는 일체의 비결을 배웠노라"(빌 4:11-12) 라고 했다.

비천에 처했을 때에는 비굴하지 않고 겸손을 배우는 좋은 기회라고 생각하고, 풍부에 처했을 때에는 결코 교만하지 아니하고 사랑을 실천하는 기회라고 생각하여 풍부와 궁핍에도 자족할 수 있는 일체의 비밀을 배웠다고 했다. 배웠다고 하였으니 어느 순간에 터득한 비결이 아니라 오랜 세월을 통해서 하나하나 배워서 얻은 경지라는 것이다.

6 제4계명이 명하는 두 가지 명령은?

_____

_____

제4계명은 '엿새 동안은 힘써 네 모든 일을 행할 것이나 일곱째 날은…… 아무 일도 하지 말라'고 하였다. 첫째는 엿새 동안 부지런히 일하라고 하였고, 다음은 안식일은 쉬도록 하신 것이다. 그러므로 단순히 안식일만 거룩하게 지키고 엿새 동안 열심히 일하지 않으면, 제4계명을 반쪽만 지킨 것이 된다. 엿새 동안 부지런히 일하는 사람이 참된 안식의 의미를 알게 된다.

7 이스라엘 백성들은 왜 가나안 땅에 들어가서 하나님과 바알 신을 같이 섬겼을까?

_____

_____

당시 신관(神觀)은 지역마다 지배하는 신이 다르다고 믿었다. 아람 군대가 이스라엘 군과의 싸움에서 패하자 그 원인을 분석하기를 "그들의 신은 산의 신이므로 그들이 우리보다 강하였거니와 우리가 만일 평지에서 그들과 싸우면 반드시 그들보다 강할지라"(왕상 20:23)고 했다. 당시 신관을 잘 말해 주는 대목이다.

그래서 이스라엘 백성들이 가나안에 들어갔을 때 바알 신이 가나안을 지배한다고 믿고 더욱이 바알 신은 농경 신이라고 해서 섬겼다. 하나님의 복도 받고 바알의 복도 아울러 받겠다는 목적이었다. 그러나 하나님은 질투하시는 하나님이시라 하셨다. 하나님과 다른 신을 겸하여 섬기면 복은 고사하고 저주를 받게 된다.

미국 남북전쟁 당시 테네시 주에 목화밭을 가지고 있는 어느 한 농부가 있었다. 그는 북군과 남군 그 어느 쪽에도 속할 수 없다는 이유로 북군의 곤색 바지와 남군의 회색 재킷을 입고 중립을 지켰다. 자기는 중립을 지키므로 아무도 자기를 해칠 사람이 없을 것이라고 그는 생각했다. 남북전쟁이 극렬해진 어느 날, 북군 사수의 눈에 회색 옷을 입은 남군이 보였다. 이 사수는 그를 향하여 집중 사격을 했다. 그와 동시에 남군은 남군대로 곤색 옷을 입은 그가 북군인 줄 알고 그를 향해 총을 쏘았다. 결국 이 농부는 아무에게도 보호받지 못하고 남군과 북군이 동시에 쏜 총알에 죽고 말았다. 신앙의 세계도 이와 마찬가지다.